玩书·时空恋人系列

拂罗 著

Bullet & Rose

LU ZHOU 陆昼

ID：霸道腹黑明星
身高：186 厘米
生日：2月10日
EVOL：转移病毒

想从我身边**逃走**？
你，逃得开吗？

Bullet & Rose

楚泽星 CHU ZEXING

ID：当红摇滚"爱豆"
身高：180厘米
生日：7月21日
EVOL：幻视

> 哪怕我置身黑夜，也可以成为你的太阳。

正式申请猎人资格证之前,请您仔细阅读血猎手册。

◆ 必要术语 ◆

◇ **血族病毒**:起源于欧洲的古病毒,携带者体能大幅度增强。血族分为 D—S 级(D—C 为畏光非人形,B 级以上与人类无异,A 级以上则可使用超能力,S+ 资料暂缺)。

◇ **人类超能力者**:超能基因携带者,觉醒后可使用特殊能力。

血族猎人署(也称"血猎署"):

①秘密成立的机构,对猎人采用网络管理模式,凭完成任务数量可申请成为 D—S 级猎人;

②收录全国猎人与血族资料,负责档案管理、装备发放、发布任务及赏金;注册猎人可凭证件与当地警署联络。

附:

①被血族感染的生还者有一定概率感染病毒,同化为不同等级的血族,目前技术无法医治。

②病毒携带者约占世界人口 0.02%,未来形势十分严峻。

③务必将血族就地处决,格杀勿论。

……

向您致敬,你们是社会的守护者,是全体人类最崇高的剑与盾。

点击申请

"就当我一个人的猎物吧。"

回忆中男人淡淡的声音,让你从噩梦中猝然惊醒,远远看见窗外凌晨的都市夜景,一片红色的汽车尾灯,迷离望去,好似无数血族那一双双猩红的眸。

在没有遇见那个噩梦般的男人之前。

你并不了解这个平凡世界的真相——

每个与你擦肩而过的人,都有可能是血族或超能力者。

近百年来,世界上出现血族的事,和部分人类进化出异能的事一样隐秘。

有人说这是一种在欧洲复活的古老病毒,悄然蔓延到全世界。

有人说它们和觉醒的超能力者相反,是人类进化失败的一环。

真相扑朔迷离,文学作品里的血族与猎人,只不过遵循了现实的蛛丝马迹——那些以讨伐血族为毕生职责的人类,被称为都市里的"血族猎人"。

在这些猎人的努力下,普通市民维持着日常生活,将没头没尾的凶杀案归为"怪谈",少数目击者则眉飞色舞地形容着这些都市异闻。

丛林法则一直存在,世界依然暗流汹涌。

4:54

◇ 猎人署发来短信:

经我署审核，您满足申请D级血族猎人（简称血猎）条件，请认真填写以下信息。

代号ID：＿＿＿

所属地区：＿＿＿

超能力：（无）

年龄：21

您会获得新手任务，完成该任务后，您将正式加入我署，成为血族猎人。

任务内容：坐标区域出现D级血族袭击平民事件，请接到任务的猎人迅速前往现场，讨伐血族，解救目标。

——只有你自己知道，作为一个没有超能力的普通人，三年来你有多努力，才通过重重严酷的训练。

这是从陆昼手里翻盘的唯一机会。

只要完成这个任务……你就是真正的猎人了。

凌晨，天色似深海。

匆匆穿起外套，走在没有路灯的偏僻街区，你心中忐忑不已，突然听见远处传来凄厉的女性尖叫声。

"怪物啊——"

你迅速收起手机，小心翼翼地隐遁在黑夜里，朝着尖叫声传来的方向走去。这里是破败的老街区，商店餐馆早已拉起卷帘门，穿白裙的女人走投无路，如同凌乱的午夜鬼影，疯狂拍打着紧闭的门："救救我……"

后面有东西在追她!

你看清视线尽头有个黑影朝她追过来，连忙朝女人喊"过来"，一边迅速从包里摸武器。

女人于绝望中看到生机，惊惶地与你擦肩而过。

你拦在半路，终于看清那个追过来的影子。

那是个全身漆黑的壮硕怪物，贪婪的口水顺着獠牙往下滴，依稀能看清感染前的人类躯体，猩红的双目却提醒着你——它是个D级血族!

它死死盯着你们，步步靠近。

你在包里摸到手枪和匕首。

此时最能克制血族的武器是什么？

A 手枪　跳转4　017页

B 匕首　跳转3　016页

2

电光火石间这句话闪过你的脑海,令你错愕的心绪猝然清醒。

你向旁边狼狈翻滚,躲过血族锋利的一爪,再迅速爬起身,双手持枪重新朝它的心脏按下扳机!

砰——

子弹穿透怪物的心脏,看着它轰然倒地,你走近几步,垂目注视着它,又缓缓抬起枪口,补了几枪。

心脏怦怦狂跳。

◆ 猎人署:检测到您已完成审核任务,正在为您生成证件编号……

◆ 猎人署:证件已生成,请您前往地区情报所,领取证件与装备。

|注册完成|

看到这来之不易的四个字,你几乎要喜极而泣,却忽然被上方弹框打断。

《金叶奖最年轻影帝:陆昼凭最新谍战电影获得最佳男主角》

《机场生图:陆昼于今日回国,机场被人群挤得水泄不通》

他不是去法国领奖?这么快就回来了?

冷冰冰地划掉两条娱乐头条,一条短信忽然弹出,备注是陆昼。

"给你一小时,来国际机场找我。"

你眼中立刻蒙上一层阴霾。

那个习惯穿西服正装的俊美男人,眉头微微蹙起,眼神深沉像黑夜——新闻里的陆昼:新晋影帝,低调得只在电影里出没,二十二岁首次亮相,二十五岁在X市成立公司……千万粉丝们形容他的成名角色是"最具魅力的反派"。

陆昼有一个秘密。

足以让全世界瞬间倒戈、与他为敌的秘密。

三年来,你都在被迫陪他玩一个残忍的游戏。

——强大的血族与他专属的人类猎物。

你见过那个男人发作时,那双散发出危险信号的猩红瞳孔。三年来,他曾无数次将你抵在阴影里;三年来,他二十四小时随意发个消息,你就要随叫随到……

"在我放手之前,你永远逃不开。"

他是 X 市隐藏得最完美的高级血族之一,超能力不明,危险等级 S+,代号 Emperor,从未有袭击任何人类的记录,几乎无人知道他的真实身份。

Emperor 成为国际明星的原因很简单:"只有站在最顶端的怪物,才能引来那些要挑战他权威的怪物。"

"反杀时间。"你不止一次看见男人缓缓举枪,对准战栗的血族们,嗓音低沉优雅,轻轻出声,"砰。"

不知道为什么,Emperor 对同类的仇恨胜过血猎。

Emperor 只囚禁你。

"是我救了你,作为报酬,你就当我一个人的猎物吧。"

三年前,离奇失忆的你被陆昼捡回来,被迫答应这笔不划算的交易。

趁陆昼出国的半个月,你终于顺利通过考核,在此时此刻成为一名 D 级猎人。

以讨伐 Emperor 为终极目标。

三年来隐忍的心,似乎随着"注册成功"这四个字渐渐强大起来。

你已经不是任人摆布的猎物了,更不会再被他随叫随到!

你缓缓攥紧手机,在原地沉默良久,下定决心,在蒙蒙亮起的天色里叫了辆出租车,第一次无视男人的短信,径自朝情报所走去。

6:00

出租车停在一家典当铺门口。

你看着典当铺的红木牌匾。

情报所为便于血猎们购买情报、任务、装备……考虑到隐蔽需要,通常会伪装成普通的商铺。

你推开店门,撞得风铃轻轻响成一片——

所有的猜测,被温润的声音打碎:"欢迎。"

墙壁上挂着许多西式挂表,滴答滴答,博古架上摆着东方的琳琅玉器,这里有种奇异美感——却都不及柜台后的年轻老板吸引人。

他穿着正装,修长而笔挺,正耐心整理着手里的塔罗牌。

见你走进来,老板微笑抬头,透过样式古朴的眼镜望着你。

阳光照着他白皙的面庞,落在牌面上的指尖书卷气十足,白净得几乎无暇。

"您好,我是季闲庭。"

你想说话,却莫名被塔罗牌吸引住了目光:"这是……"

"时间还早,要我为您占卜一下命运吗?"他轻声问。

你难以拒绝。

"我要先问您几个小问题,不必紧张,凭着本心回答就好,占卜结果会引导您遇见不同的命运……"

INTRODUCTION

季闲庭

Jixianting

①请你打散塔罗牌,随机将七张塔罗牌背面排成一列。

②根据下列问题挪动卡牌,最终停留在中间的卡牌就是您的选择。(若卡牌移动中,有一张牌正好处在中间位置,则不必再"往中间移一步"。)

Q1. 你是否会被故事里的反派角色吸引?

A. 是。(将图案为 👑 皇冠的牌往中间移动一步)

B. 否。(随机交换两张牌)

Q2. 比起惊险刺激的通关游戏,你更喜欢休闲轻松的玩法?

A. 是。(将图案为 ☀ 太阳的牌往中间移动一步)

B. 否。(将图案为 ✦ 星星的牌往中间移动一步)

Q3. 你更喜欢阅读哪种爱情小说?

A. 刺激伴随危险的故事。(图案为 ♥ 爱心的牌往中间移动一步)

B. 浪漫平淡的幸福日常。(图案为 ☀ 太阳的牌往中间移动一步)

Q4. 你向往或憧憬高中时代的生活吗?

A. 向往。(将图案为 ✦ 星星的牌往中间移动一步)

B. 不向往。(将第二、第五张牌调换位置)

Q5. 穿越到异世界,你更希望邂逅哪种超级英雄?

A. 隐藏在黑夜里守护哥谭的蝙蝠侠。(将图案为 ✦ 星星的牌往中间移动一步)

B. 在光明的太阳下打击犯罪的超人。(将图案为 ♥ 爱心的牌

往中间移动两步）

C. 都不希望。（随机交换两张牌）

Q6. 你更喜欢以下哪句话？

A. 世上没有重来，往事已经过去，我只弥补未来。（将图案为皇冠的牌往中间移动一步）

B. 生命就像玫瑰花，含苞时好看，怒放时好看，枯萎也好看。（将图案为太阳的牌往中间移动两步）

C. 都不喜欢。（随机交换两张牌）

Q7. 你觉得秩序的天秤总是倾向一边，还是光明与晦暗持平？

A. 持平。（将图案为太阳的牌往中间移动一步）

B. 倾向某一边。（将图案为皇冠的牌往中间移动两步）

C. 看情况。（随机交换两张牌）

Q8. 给你一次约会的机会，你更希望邀请哪种美男一同约会？

A. 给予你很多帮助的学长。（将图案为爱心的牌往中间移动一步）

B. 关系正日益接近的同桌。（将图案为星星的牌往中间移动两步）

C. 看情况。（随机交换两张牌）

现在，将最中间的卡牌缓缓翻开，在你眼前的人是——

揭开命运

跳转6

—019页—

是……是匕首吧？

你果断拔出匕首，夜色下寒光闪烁，你朝壮硕的血族刺去，却被它猛地抓住手腕，甩了出去！

你还没来得及起身，血族猩红的双目已随着冷风来到眼前。

你被袭击后，失去意识。

判断有误

跳转回1

—009页—

是镀银的子弹!

你摸出手枪,"咔嚓"将银子弹上膛,对准血族,扣动扳机!

手枪从地下渠道买来以后还没使用过,后坐力震得你向后一退,抬头望去,子弹没入怪物的胸膛,滋滋冒出白烟,激得它痛苦晃头,又直直朝你扑来!

在女人的尖叫声里,你连连退后,突然想起训练时受过的教诲——

A
感染者体魄被强化,只有命中大脑或心脏才能致命!

跳转2
—010页—

B
任何猎人都有发布紧急求援消息的权限!

跳转5
—018页—

5

　　单枪匹马打不过它!

　　你迅速判断情况,拔腿朝远处跑去,同时拿起手机给猎人署发送信息,你上气不接下气道:"我的坐标是……我这里有一只D级血族……请求支援!"

　　署里的猎人们各司其职,有你这样战斗型的赏金猎人,也有情报猎人负责分发装备,还有本部的猎人负责接线和及时发布任务,让更多赏金猎人赶来支援。

　　还没来得及按下"发送",你忽然又听见熟悉的尖叫声。

　　凄厉而痛苦。

　　你转过头,夜色里一片可怖的血光,染透了女人的白裙。

　　受害者死亡——

任务失败

跳转回4

6

你的占卜结果：

|皇 帝|

你坚定自己的选择，有拨开黑暗探索真相的坚强。

与你最匹配的是象征支配的皇帝。

君临天下的帝王，眼神高傲不失锋芒，随时准备为守护他所在意的子民而战。帝王不怒自威的外表下通常有着温和而隐忍的心，责任使他强大，也成为他无形的枷锁。

《 跳转 陆昼线 》　　　　　　　　　　　　　　　　—090页—

|太 阳|

你内心保留着美好的幻想，渴望邂逅一场童话般的故事。

与你最匹配的是象征生命的太阳。

如太阳般充满温暖生命力的人，总能给人带来理想和希望，他拥有照耀所有人的光与热，任何黑暗与狰狞都因他而消亡，任何隐晦都在他的光芒下无所遁形。 在太阳光下的你，永远快乐、浪漫、乐观。

《 跳转 楚泽星线 》　　　　　　　　　　　　　　　—160页—

|恋 人|

你是代表正义的银子弹，你相信光明的剑必将斩断阴霾。

与你最匹配的是象征结合的恋人。

为人生中每个重大决定带来支撑与信任的恋人，以守护对方为己任的两个人，在命运的指引下走到一起，突破重重阻碍与考验，走向最美好的明天。你们以子弹代替神圣的戒指,以炮火取代教堂的钟声,无论顺境或困境,相守直到永远。

《 跳转 夏野线 》 —224页—

|星 星|

你选择了一条隐秘而伟大的道路,为守护正义有时不得不潜伏在黑夜里。

与你最匹配的是象征希望的星星。

纵然黑夜降临,仍有满天繁星指引方向,他无声行走在夜里,为你奉献他的爱,化身为恒定的天狼星。你们在光明中破除黑暗,在黑暗中寻找光明。倘若这座城市再没有亮起的炬火,他便是前行唯一的光。

《 跳转 苏木线 》 —022页—

"看来你会有一段美好的校园时光,重返校园的机会可不是每个人都有的,请好好把握。"

难道以后要走学术血猎的路线?

季老板微笑着不说话。你从他手里买了一大堆资料,吭哧吭哧搬回家才惊醒,你好像……被奸商套路了。

在你默默心疼账户余额的时候,却被上方弹出的通知吸引注意。

> X市第二高中疑似存在A级以上血族潜伏,已造成多名教职员工失踪。要求猎人用分配的身份潜入校园,切勿打草惊蛇,引起师生恐慌。
>
> ◇ 任务总名额:2
> ◇ 待接受名额:1
> ◇ 赏金总额:100000(按贡献分配)

就算是二分之一的赏金也非常可观,原来占卜是真的?

你立刻点了申请。

等待审批的日子里,你继续苦读资料。

隔天,你伏案睡着时听见手机铃响,迷迷糊糊接通,屏幕里出现男人英俊的脸。

倦意瞬间飞走。

"这是视频?打错了。"陆昼沉默一下,漠然道,"脸色很差,熬夜了?"

"看到你就更差了。"你冷漠回答。

是因为上次没见到你,所以又来找你吗?

"生活习惯还是这么糟。"陆昼的目光淡淡扫过杂乱堆积的书,"下午六点,我在你家楼下等你。"

你沉默半晌,从男人淡漠却有着威压的语气里清晰地意识到一件事。

哪怕作为猎人,你现在也还不是正面对抗他的时候。

6点整,一辆漆黑的轿车低调地停在公寓楼下,你开门坐在后座,想着速战速决,不料陆昼淡淡吩咐司机:"走吧。"

你故作镇定:"去哪儿?"

车窗外流淌过夕阳,陆昼垂目翻着文件,漫不经心答道:"对你会有帮助的地方。"

难道血猎的事被他发现了?以他的性格,发现隐患后灭口是非常有可能的事。

你悄悄伸手摸向包里的手枪,瞟一眼窗外,天色渐暗,轿车拐入偏僻街区。

司机是个微胖的中年人,顺着后视镜看你们,眼神冷淡。

情绪紧绷,你正要行动,司机和陆昼却同时拔枪对准了对方。气氛瞬间剑拔弩张,轿车发出凄厉锐响,歪歪扭扭朝路灯撞去。

枪声交织,你抱头趴下。

司机被陆昼一枪击中肩膀,踹开车门,落地翻滚几下。他身材迅速变化,变成了一个戴着面具的黑衣人。

——刹那间仿佛回到三年前,那场雨夜忽而拉近,倏忽又被陆昼低沉的嗓音击碎。

"是血猎。"

THE STAR

轿车与路灯狠狠相撞,玻璃"哗啦"碎裂,安全气囊猛地弹出。你重重栽到男人身上,西装上男士香水味与血腥味混合。

他瞳孔泛起危险的猩红色,低低命令:"离开这里。"

你跳下车。最后回头的时候,昏暗的路灯下,陆昼举枪朝血猎走去。

血猎无声朝路灯后一闪,躲过枪击,黑红面具上细长的眼眸仿佛在冷冷注视着对方。

气喘吁吁跑出黑暗的街区,某个念头一瞬闪过。

什么时候开始,你已经习惯逃跑了?

A 折回 — 跳转2 — 025页

B 逃走 — 跳转5 — 037页

或许这是讨伐陆昼的好机会!

你果断拔枪,折返,微弱的月光下响起消音枪的声音。你以建筑为掩体,悄悄探头,发现陆昼不见了,是另一只血族在与猎人对峙。

那个猎人身受重伤,动作却沉着稳重,眼看血族朝自己扑来,他扔下空枪,拔出蝴蝶刀冷冷一旋,在对方手臂开了道血口。

转刀的指尖修长有力,冰冷翻飞的刀刃仿佛起舞。

你瞄准血族的心脏,一枪射去——

银子弹在偏离对方心脏几寸的位置炸开血花,血族发出惨叫,落荒而逃,阴冷的嗓音响起:"我记住你的脸了……"

猎人站在微弱的月光下,身形笔直而杀意腾腾,警惕地一抬胳膊,刀尖冷冷地对准你。

"我是人类。"你亮出证件走过去,"你没事吧?"

"去隐蔽的地方……谢谢。"

他用尽力气说出这句话,摇晃着倒过来,你连忙扶稳。

你费力地将他拖到沙发上。

对方身材瘦高,被你又拖又拽,衬衣凌乱。你解开他衣服上的第二颗纽扣,露出锁骨。黑色的面具遮住了他的脸,下颌与喉结呈现出完美的弧度。

你一颗颗解开他衣服上的纽扣,沾满血污的皮肤滚烫,你发现他身上两处中弹。

他胸口急促起伏,缓慢开口:"把子弹取出来……接下来交给我。"

"可能很疼。"你紧张地为他处理伤口,"陆昼呢?"

"Emperor 从不亲自作战。"他咳了声,"那是他的手下,代号不明……我查他很久了。"

一小时。
两小时。

你全程看着都觉得剧痛难忍,他居然一声不吭地扛了过去。
你"呼"了声,坐倒在地。
对方衬衣下的血口以肉眼可见的速度愈合,只留下两道伤痕。他缓缓从沙发起身,朝你伸手:"我是 Zero,谢谢。"
面具下的声音清润平和:"站得起来吗?"
你握住他的手,被他从地板上拽起,眼前一黑有些晕。对方一抬血迹斑斑的手,下意识扶住你的腰身。
他僵了下,很快又缩回手,将你扶稳坐在沙发上:"受伤了?"
"没有。"你揉揉额头,"今晚过度紧张……满屋子血,还得拖个地……"
"我来吧。"对方嗓音很快恢复平和,"去睡觉。"
你想起身,嗡嗡作响的脑袋却不允许。
听见一声低低的"冒犯",身体随即一轻,你被 Zero 稳稳抱起放在卧室床上,他顺手盖好被子,留下淡淡的"再见"。
见他往门口走,你连忙出声:"养好伤再走也可以。"
"有人盯着我,留在你这里不安全。"Zero 脚步微顿,还是走出卧室。

三年前,陆昼非要让你住在他闲置的别墅里,被你冷冷拒绝。你拖着行李箱独自走在大雨里,忽然被几只红眸怪物盯上——

你在绝望中闭眼，忽然听见消音枪响。

戴面具的男人冒雨缓缓走来，抬起枪，击溃最后一只惊慌逃跑的血族。他停在你面前，朝你伸出手："今天的事，不要外传。"

冰冷的面具下嗓音清润、疏离。

他消失在雨里，好像从未出现。

Zero，X市数一数二的血猎，讨伐过无数棘手的血族，超能力是改变身体结构。

绝望的天地裂开一条缝隙，他用银子弹驱散黑夜，朝你伸手，将你拽入光里。

从此你以他为目标，想要成为血猎。

睁眼已是天光大亮，揉着眼出屋，你发现家里被擦得一尘不染，微波炉温着煎鸡蛋，便条上写着清秀的字迹"早餐"。

屋里没有第二个人。

吃早餐时，你忽然发现任务申请通过了。给你分配的身份是高三学生，两天后开学，你要以转学生的身份报到。

学生……难道是因为你长得年轻？

不过算算你现在的年龄，大概也就比这些学生大几届吧，应该没问题。

为了方便交流，已为您开启秘密联络簿，您可以与另一位神秘猎人实时记录进展。

另一位血猎没有在案件记录栏留下任何消息。

你想了想，率先输入：*我已准备潜入。*

当天。

你将枪藏在书包夹层,穿着宽大的蓝白校服走进校门,为了显年轻,还化了个素颜妆。

班主任是个严厉的女人,锐利的目光一扫:"第一节下课后给我洗掉!下午就要测验,有化妆的闲工夫不如多看看书!"

你灰溜溜地坐在靠窗位置。学生们议论着:"怎么想不开转来咱班了?第一天就惹班主任,够她受的……"

另一位猎人会在这个班里吗?

后排女生偷偷拿笔戳你:"你有福了,嘿嘿。"

你眨眨眼:"什么?"

"等你同桌来了就知道了。"

你疑惑地瞅瞅旁边学生的位置,课桌里的课本摆放一丝不苟。

女生们互相推搡:"来了来了……"

你抬起头,看见教室门口那个少年。

他单肩背着黑色背包,漫不经心地在全班注视下敲了敲门,逆着光朝你走来,静静注视着你的脸。

"同学,我的座位在里面。"声线和语气一样淡漠。

你连忙挪了挪椅子让他过去,蓝白色校服飘来淡淡的洗衣皂味道。

阳光照得他脸庞很白净,瞳孔呈暖褐色,中性笔在细长白皙的手指间旋转。

女生们偷偷地看他,偷偷议论,他却置若罔闻,仿佛将自己隔绝世外。薄薄的窗帘忽然被夏天的风扬起,正好无意为他遮了一层屏障。

扬扬落落的白窗帘后,少年神情淡漠,仿佛从最美好的校园小说里走出来,一眨眼他就会消失,在世间荡然无存。

你大大方方一笑:"你好啊。"

见你主动和少年搭讪,大家停止了议论。

"你好。"少年平静点头,"苏木。"

下课后,你在走廊被几个女生拦住:"苏木跟你说什么啦?"
"打了个招呼。"你疑惑问,"怎么了?"
"啊……"女生们有些失望,"还以为你能让他破功呢。"
"他这么难相处吗?"
"是啊,独来独往的,刚转学过来就拿了年级第一,可能天才都比较孤僻吧。"女生们顿时打开话题,"听说他是因为被欺负才转学的,在这儿好像也是……"
你皱了皱眉:"校园暴力?"
"大概吧,有时候他带伤来上学,还总无故旷课……"

趁着下课,你在学校里转了一圈,没发现任何异样,只好先按兵不动。

以前从新闻里了解过校园欺凌的严重性,不禁多看了苏木几眼。

他比其他学生淡漠许多,几乎不走出教室,在你因为调查而一趟趟往外跑的时候,他眼都没抬。上课时,他全程安静低头看手机,答题却毫无错误。

班主任愤怒拍黑板:"苏木,五道选择题——"
他神情自然,将手机藏在校服口袋里,站起身:"ADCAB。"
班主任抽抽嘴角,继续讲课,你却没那么幸运,因为玩手机被叫起来三四次——你下载了这所学校的平面图,尤其标注了教职工失踪的地点。

苏木抬起视线。

他淡淡提醒:"下一题轮到你答,选C。"

你道了声谢,起身答题,却忽然看到猎人署发布任务,校外疑似有血族出没,请求附近血猎支援。

A 现在就去
跳转3
—031页—

B 等下再去
跳转9
—043页—

3

"老师！"你举手，"我去洗手间！"

少年从书中抬起目光，漫不经心地注视着你跑出教室。

他平静地举手："我也去。"

全班的目光又聚在他身上。

声线慵懒而平和，不疾不徐，偏偏让人找不到拒绝的机会。

门卫大爷盘问许久，终于高抬贵手允许你出校门。

乌云遮蔽阳光，下起阵雨，你顺着偏僻的林荫小道跑到岔路口，听见前方传来尖叫声："救命啊……"

几只低级血族追着一个女人不放。

你迅速从包里拔枪，朝前扣下扳机，却被敏捷闪开。你对女人喊了声"快逃"，准备留下周旋，却发现血族们继续朝她袭去。

低级血族畏光，智商又不高，怎么会认准某个目标，而且集体出动？

掩护女人一路撤退，你的子弹很快打空了。

远处响起消音枪响，几只血族栽倒在地，你回过头，Zero 持枪半跪在高大的树枝上，扬手抛来弹夹。

"换人！"你闪身到树后换子弹，Zero 从高高的树上跳下，替你挡在女人身前。

换好子弹，你冲出树后，忽然被 Zero 拽到身旁，一只凶恶的血族与你擦肩而过，有惊无险。你喘了口气，回身扣下扳机，不料距离心脏偏了几寸。

血族在地上哀号。

"记住这个角度。"Zero 走近你身侧，稳定地握住你扣扳机的手，枪口微抬,"一颗银子弹能解决的事,不要浪费第二颗,给敌人可乘之机。"

面具下嗓音寡淡,衬衣飘来淡淡的洗衣皂味道。

最后一只血族被顺利击杀。

"多谢。"你心思微动,"既然你也在这附近,和我接同一个潜伏任务的人是你吗?"

"嗯。"Zero 并未隐瞒。

"那你的身份是老师还是学生?"

身后没有回音,你疑惑地回头看,发现 Zero 已经不见了,树影间有只黑猫一闪而过。

Zero:这些 D 级血族被未知超能力控制了,是故意引你出动的,以后行动多加谨慎。

你:收到。

你气喘吁吁跑回教室门口,班主任冷冷朝你一扫:"快下课才回来,还听什么课?出去站着!"

你在走廊转悠,却意外地看到了苏木的身影。

少年倚着窗,细细的耳机线从校服口袋里延伸到左右耳,他抬起头,静静望向外面。窗外云破天清,一缕阳光投下,映得他的脸庞白净清秀。

"苏木同学。"你走过去,"怎么不进去上课?"

苏木拔出一只耳机,淡淡看你:"旷课。"

"你怎么也旷课了?"你哭笑不得,现在的孩子把旷课当时髦吗?

他闭口不提,动作自然地递来一只耳机:"离下课午休还有十分钟,听歌吗?"

教历史的男老师路过，摸了摸自己出现发量危机的脑壳，嘿嘿地笑："年轻真好，那会儿我也旷课约会……"

历史老师简称"老李"，虽已年过不惑，却是这所学校里罕见的思想开放的人。

你愣了下，扯下耳机："老师，我们不是早恋……"

老李玩着一枚硬币，优哉地走远了。

你又无奈又想笑，倚在窗边。

苏木静静目送老李的背影离去，云淡风轻地道歉："对不起，让你被误会了。"

"没事。"你摇摇头，"就是有点……哭笑不得吧。"

下午测验考，学生们一片哀号。

苏木没来上课。

看着身旁空空的座位，你有些担心。

看过校园欺凌的新闻，你将少年们拳脚相加的光景与苏木淡薄的表情无端联想到一起，更重要的是……下午阵雨，没有阳光，他会不会也被袭击了？

苏木的电话打不通，班主任大发雷霆。

你向后桌班长要来号码，装作去卫生间，给苏木打电话："苏木同学，咱们下午有考试，你知道吗？"

苏木嗓音清淡："知道了，暂时有点忙，等下。"

电话那边分明响起一声惨叫，好像还有骨骼扭曲的脆响。

对方忽然挂断了。

过五分钟，苏木再打来："我正往学校去。"

"受伤要赶紧去医院啊。"你赶紧叮嘱，"身体最重要。"

"没事,看见是你打电话,特意快些处理的。"苏木云淡风轻,顿了顿,"是有考题不会做吗?"

"……才不是。"

你松了口气回教室,过了一会儿,苏木在全班的注视下径自推门进来,对班主任淡淡说句"抱歉",拉开椅子坐在你身旁。

念及他年级第一的身份,班主任抽抽嘴角,没吱声。

他表情平淡,扫了一眼题目,很快拿起笔开始写答案,他白净的手背关节多了几处伤口。

你决定……

A 给他创可贴
跳转4
—035页—

B 不作声
跳转6
—037页—

④

你从包里翻出创可贴和擦伤药:"手给我看一下。"

苏木答题动作微顿,朝你一瞥,很快收回目光:"不用,习惯了。"

这就是传说中的天才问题少年?

成年人的责任心疯狂作祟。

你皱了皱眉,抓起他的手扯到桌下,不容分说地给他涂药,压低声音:"遇到这种事不要忍着,要告诉家长和老师,知道吗?"

苏木微微僵了下,却没有反抗,垂目任由你摆弄他的手。

"我没有家长。"他轻声答。

你愣了愣,低下头,继续给他涂药包扎。

"我也没有亲人,准确来讲……不记得有没有。"你认真出声,"这些不是放弃自己的理由,等你考上大学,有能力主宰自己的人生,肯定会不一样。"

苏木望着你:"很多人躲着我,你就不害怕?"

"我觉得没什么好怕的,你就当我是正义感太强吧。"你摇摇头,"只要是我力所能及的事,我一定会帮。"

苏木似有所思:"看来……你很不一样。"

"如果……"他微微垂目,笑了一下,"我能早些遇到你就好了。"

早些?

你们的手还在桌下相握,少年与你四目相对,让人心跳加速。

班主任大吼:"你俩不答题玩什么手牵手——"

学生们"哇"了声,你赶紧松开苏木的手佯装答题,偷偷一瞥,少年侧脸如常,眼神稍微挪过来。

视线相撞,他先若无其事地转过头。

"校门口停了一辆好贵的车！"

"谁家这么有钱……"

放学的时候，你听见学生们兴奋的议论声，心中预感不妙，一辆熟悉的漆黑轿车果然停在不远处。

陆昼给你发短信：**给你两分钟，过来。**

他怎么会知道你在这儿？

硬着头皮走出校门，忽然被人拽住手腕："不要去。"

你惊讶回头。

学生们打打闹闹地从你们身边走过，仿佛置身蓝白海洋，少年清秀的脸庞在海洋里格外显眼。夕阳的光映着他白净的脸庞，透过暖褐色的瞳孔，认真地望着你。

"我们好像顺路，要不要一起走？"

A 拒绝 — 跳转7 — 038页

B 答应 — 跳转8 — 040页

⑤

手枪紧握在你手里,迟疑一瞬还是放下。

你了解陆昼的实力,现在还不是对抗他的时候。

于是你拦下一辆出租车,远离危险的战场直接回家,在床上愣愣地躺到深夜。

好像错过了很多事。

你自始至终,都没有迈出那至关重要的勇敢一步。

END
退 缩
跳转回1
—024页—

⑥

算了,你不是喜欢多管闲事的人。

你决定不干涉少年的世界,继续照常听课,却总觉得好像错过了什么。

苏木与你再也没有交集。

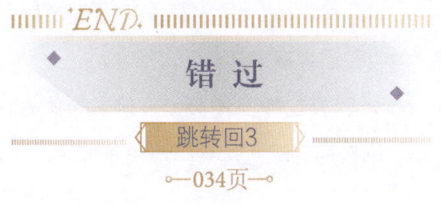

END
错 过
跳转回3
—034页—

7

"有人等我，改天吧。"

躲得了一时躲不了一世。

你开门上车，看见陆昼心不在焉地翻着公司文件："你在假扮学生玩早恋？"

看清男人唇角若有似无的笑意，你意识到他在开玩笑："我的事，你都知道了？"

"当然。"陆昼漫不经心，"想从我身边逃走，你逃得开吗？"

"试试再说。"你不甘示弱。

"哦？如果有天你真的逃了，记住……"男人似乎饶有兴致，"不是你赢了，是我放弃了。"

原来不是想灭口，他只是享受这种看猎物挣扎的感觉。

你冷冷看着他："那天你想带我去哪儿？"

"带你去射击场练手，免得太早被人反杀。"他淡淡道，"不过，看来你已经找到了一个可靠的同伴，那就祝你们好运吧，再见。"

这是逐客令？

你睁大眼，确定陆昼没有再说话的念头。

"不走？"他淡淡扫了你一眼，"是在等我咬你？"

你抽抽嘴角，推门下车。

陆昼平静地合上文件，目送她消失在蓝白色的海洋，目光有些怀念。很久以前，他也曾这样接某个小女孩放学。

"通知 Hypnos，我决定撤回任务，不用再除掉 Zero 了。"他揉揉额头，强迫自己驱散那些记忆，平静地拨通电话，"还有，替我转告他,继续擅自行动的话,他知道后果是什么。"

"老板,既然已经打听到Zero在二中潜伏……为什么不除掉他?"

"我想了一下,"陆昼平静答,"不用了。"

助理还要劝,被他淡淡打断:"Zero在替我保护她。"

走进林荫小道,你发现了苏木的身影。

少年双手随意揣在蓝校服兜里,戴着耳机,漫不经心地站在杨树下。夕阳穿过树叶,在他的侧影投下斑驳的碎金色,路过的女生们叽叽喳喳。

"他就是你们班的苏木?好帅啊,他在等女朋友吗?"

"不可能,他这种性格怎么可能谈恋爱……"

见你过来,苏木平静地转过头,问道:"一起走?"

女生们惊讶地看着你们。

◁ 跳转8 ▷

—040页—

8

难道他是害怕半路被混混围堵?

你拉着他快步混入人群,回头看看,确定车上的陆昼没发现你们,抬头朝他眨眨眼:"好啊,一起走。"

并肩走在斑驳的林荫小道,苏木忽然出声:"今天谢谢你的电话。"

大概少年的心事倔强而敏感,独处的时候才肯说出口。

"要听歌吗?"他将细长的耳机线连在口袋里的手机上,把小小的耳机塞入左耳,又将另一只朝你递来。

"好啊。"

是如水清浅的钢琴曲。

细细的耳机线,略显忧郁的旋律,你偷偷一瞥少年被夕阳淡淡晕染的侧脸。

世上的确有这么个少年,他淡漠、不亲近人、漫不经心,却可以满足你学生时代的所有青涩幻想。

马路上还有积着反光的水洼,有车急速驶过,带起脏水。

你被他不轻不重扯了下衣袖,护在身后,大部分脏水飞溅在他的校服裤脚上。

"啊……"你轻轻惊呼,才发现原来他一直都走在人行道外侧,"谢谢。"

苏木视线往下,出声提醒:"你的鞋上有泥。"

"没事,我回去擦擦就好了。"

"现在不擦掉会很难洗。"苏木从口袋里拿出一包纸巾,平静地蹲下身,耐心帮你擦去鞋面的泥点。

往来学生们发出艳羡的声音,你远去的青春期少女心竟隐隐发芽,脸色发烫:"苏木同学……周围有好多人。"

"我有洁癖。"苏木拿着纸巾,慢慢帮你擦掉鞋面最后一个泥点,他稳稳地将纸团丢入垃圾桶,起身望过来,"你很在乎别人的目光吗?抱歉。"

"倒也不是……"你语塞。

走过一片偏僻的街道,远远闻到浓烈的劣质烟味,你不禁皱了皱眉,见几个人影倚在墙边吞云吐雾。你下意识握了握枪,却发现只是几个不务正业的青年。

难道真的有人围堵苏木?

不论如何,既然是人类,在你眼里就不值得害怕了。

你迟疑了下,还是稳稳握住了苏木的手,仿佛要通过指尖的温度给他传递勇气,在少年微微意外的回头注视下,你朝他抚慰一笑,眼神坚定。

苏木没有松手。

慢慢并肩经过那些轻佻的注视,你全程紧张地警着四周,没留意少年的目光始终落在你身上。望穿你眼底的坚定,他唇角不易察觉地微微上扬,瞳孔在夕阳里添了几分暖色。

有个小青年碾灭烟头,正要朝你吹口哨,冷不防撞上苏木回头时的目光——

淡漠,拒人千里,那是一双看惯了受伤与流血的眼睛。

青年被惊得一震,连忙低下头去,讪讪地咳个不住。

黄昏暗淡,走到分别的岔路口。

这样,那些青年就不会追过来围堵苏木了吧?

指尖与掌心几乎已经习惯了彼此的温度,你才发现自己原来一直牵着对方的手,连忙松了松,尴尬地抬头看他,却见少年眼中一片温暖的平和。

"我……"你找了个理由,"看见他们,我有点害怕……我可以每天都和你一起放学吗?"

如果每天都有自己在,他就不会受欺负了吧?

你惊讶地发现少年唇边微微带笑:"好,谢谢你。"

你松了口气,笑着朝他道别。

原来她误以为自己被人欺负?

也好。

正因为她是这样勇敢又奋不顾身的人,才让他印象深刻。

少年摘下耳机,朝着天边抬起头,夕阳在他浅褐色的瞳孔里渐渐暗淡,他的身影很快隐入黑夜,黑衣与面具缓缓变幻。

她看自己的眼神认真又倔强,好似要去拯救一个孤绝的迷途少年。

三年前他无意间在雨夜救下了这个女孩。

她原本目光恐惧,下一秒却无比坚强:"怎么样……才能成为像你一样强大的猎人?"

他唇边不经意微微扬起弧度。

想起接到她的电话时,他的枪口正抵上某只血族的头颅,一只手正扣下扳机——

"知道了,暂时有点忙。"

跳转10
—044页—

⑨

正上课呢,还是等下再去吧。

等你赶到现场的时候,这里已经被警察拉起了警戒线。

听警察说你来迟了一步,被 Zero 捷足先登。

你快快回教室,等待下一次任务出动,却迟迟再没有新的信号传来,就连原本的任务也没有进展。

END.
姗姗来迟
跳转回2
030页

⑩

潜伏在学校有一段日子了。

你已经渐渐习惯了这所学校的严格纪律，也习惯了班主任的河东狮吼。

一大早，半路不巧下起了暴雨，你更不巧没带伞，只好用校服盖住脑袋匆匆跑进教室，像个气喘吁吁的落汤鸡。

往座位一坐，你脱下湿漉漉的校服外套，搭在椅背上。

后桌神秘兮兮地叫你："今天周一大检查，不穿整套校服全班扣分儿……老班说了，无论什么情况都得穿。"

同桌苏木正做题，笔尖动作不易察觉地微停。

怎么偏偏赶上今天？总不能把湿透的校服穿回去吧……你正纠结着，忽然听见班级门口传来班主任和其他老师的说话声。

虽说你不算是真正的学生，但你不想让班主任发火，耽误其他学生们上课，只好咬咬牙拿起外套往身上套——

一件干净的蓝色外套无声覆住你的眼帘，带着少年身上微微的余温，飘来淡淡的洗衣皂香。你惊讶地掀起衣角，是苏木漫不经心地将自己的外套掷过来，稳稳盖在了你头上。

"穿湿衣服会感冒。"

少年的语气淡淡，仿佛置身事外，唇边却勾起一丝笑意。

你正要说话，班主任的河东狮吼却准时地在门口响起："苏木，你校服呢？"

"他的校服……"你连忙开口，却被苏木漫不经心地抢先："淋湿了。"

他一手拎起你湿透的外套。

班主任眼角直跳，有大发雷霆之势："跟你们说什么来着？湿了也给我穿上，又死不了人！"

在她话未说完的时候，苏木已经将湿漉漉的外套穿好了。

班主任嘴角抽抽，俨然没料到今天苏木会这么乖巧，不甘地闭了嘴，重重几步走上讲台："愣什么，上课！"

这节课你上得神游天外，满脑子都是那件湿透的校服，时不时偷偷一瞥苏木，他正挽起湿袖，伏案做题。

全班都心知肚明其中内情，偷偷地瞧着他，羡慕地瞧着你，唯独苏木对诸多目光漠不关心。

好不容易熬到下课，你奔出教室，找了个脾气好的老师，借了件没人穿的外套穿好，将苏木的校服还给他。

"来，吃点药，我从医务室拿的。"你坐在他旁边，将药片递过去，认真问，"有没有额头发烫？"

苏木平静地想了想："不知道，我自己感受不出来。"

他微微凑近，白净清秀的脸在你眼前无限接近，轻声问："你可以帮我试下吗？"

原来雨已经停了。

阳光照着少年略微被浸湿的白衬衫，在他透彻的眼里映出暖光，光里满满是你泛红的脸。你缓缓伸手，一心一意地覆在少年额头上，心脏怦怦跳。

"还好……没有发烧。"你与他在咫尺间对视，声音不自主地越来越小，"今天谢谢你，不要只顾着帮别人，自己生病了怎么办……"

"没有别人，"他认真地注视着你，"只有你。"

阳光正盛，少年望着你，眼底却好似藏了一颗星星。

若不是那天上课铃敲响得太匆匆，若不是老师迈进教室太准时，你几乎下意识越来越近，想要去随着光，去追寻他眼里的星星。

好在上课铃响了，随着你一瞬的惊醒与窘迫，那星光被少年不动声色地妥帖收起。你再回神，他依旧是你那不食人间烟火似的学霸同桌。

可是……

你慢慢捂住自己的心，感觉它像盛了满满一碗水的瓷碗，稍微晃荡，便要满溢出来。

在那天过后，你过了好久才平静下来。

苏木依旧旷课，测验却稳居第一，偶尔他会不轻不重地挂彩进教室，又习以为常地让你给他擦伤口。

某次，另一个女生凑过来说也想擦，苏木抬了抬眼皮，漫不经心答："我比较信任她。"

你："……"

女生们对这个孤僻的天才少年又害怕又倾慕。

慵懒的下午，你打着哈欠，看见有人扭扭捏捏走到苏木的课桌前——隔壁的小班花，在男生们闪闪发光的目光中，蚊子似的开口："苏木同学，你有没有……女朋友？"

"没有。"

小班花立刻燃起希望："那我可不可以？"

苏木没有迟疑，也没有惊讶，他眼里一片平和，好似注视不懂事的小孩："学习为重，等你考上大学，什么样的人都可以找。"

教室静了静。

苏木在微妙的气氛里继续说下去："你的世界还太小，等你长大，值得喜欢的人有很多。"

小班花愣住了，红着眼睛跑出教室。

你漫不经心抬头，苏木果然半点波澜也没有，让人想起少年老成这个词来。

苏木淡淡一瞥："卷子上课要收，写完了吗？"

你咳了声："我的知识……都还给老师了。"

他明明是隔绝世外的凉薄性子，却唯独钟情监督你。

苏木靠近些，拿起铅笔在你的卷子上画了几条线："前面都是陷阱，这些才是真正条件，再仔细想想。"

你思索几分钟，果然算了出来。

"还好，没有还回去，只是忘了。"他淡淡道，"人有遗忘曲线，但如果是曾经学过的东西，再捡起来不会太难。"

你惊喜问："你全答对了？"

视线相撞，猝不及防，你发现他睫毛很长，垂目时投下淡淡的阴影。

"不一定。"苏木挪了挪视线，轻声道，"继续做题吧。"

"讲讲古希腊神话哈。"老李慢悠悠地玩着硬币走上讲台，笑呵呵道，"听说你们班主任上节课布置测验了？那数学课代表先收卷子交到办公室吧。"

"我先收别人的，最后一道题你再想想。"苏木起身，耐心安慰你，"不要急。"

苏木办事一向利落，唯独这次出奇地慢，还被班主任骂了一顿。

你有点不好意思，写了张字条递过去：星期天我请你出去喝奶茶？对方写下清秀的字迹递来：好。

"咱们讲到古希腊神话里的睡神，Hypnos，也就是修普诺斯，死神的孪生兄弟。不过他可比死神温柔多了，只要用神力诱惑一下人类，就能让对方陷入永恒的睡眠……也叫催眠术。"

"催眠术的英文单词是什么？hypnotism，对，就是源于修普诺斯……"

在接下来的日子里，你从网络上找了许多可疑的传言或新闻，精心地将它们打印出来裁好，用钢笔画出重点。

获得道具E页
—279页—

⑪

你挑了晚修时间,请假溜进图书馆。

白炽灯没精打采地滋滋响,忽明忽暗,遥想学生们口中的怪谈,你不禁有些毛骨悚然,紧紧将手枪藏在袖中,穿行在书架之间。

冷不防看到书架前有个瘦高的侧影,你一激灵,差点抬起手枪对准他。

原来是苏木。

他正将修长的手指抵在书脊上,抽出一本书,淡淡看你:"来查资料?"

你含含糊糊点头,也顺手拿起一册,却发现是蝙蝠侠漫画。

"喜欢?"

"是啊,一直很想看看这种英雄漫画……"你圆谎不打草稿,发现原来他手里也拿着一本,"你也是?"

苏木点头:"晚修布置的卷子做完了,有些无聊,老师允许我出来散心。"

明知你的任务不是高考,而是保护学生能顺利高考,面对学神……你还是有些自惭形秽。

有脚步声停在对面,你眯了眯眼,顺着书架缝隙看清对面有个人。

谁?!

白炽灯忽然熄灭。

随之响起书本哗啦散落的声音,沉重的书架朝你们直直倒来,你突然被苏木揽入怀中:"小心。"

满架的书劈头盖脸砸来。

你的眼睛缓缓适应黑暗,惊魂未定地抬头,看见他居然单手撑住了这么重的木书架。

"苏木同学,你……"你震惊到无以复加,"你力气这么大?"

没有经过严格训练的普通人,怎么会有这么大的力气?

"嗯。"苏木慢慢将书架推回去,"我平时有健身。"

一道漆黑人影忽然朝你们扑来,发出狰狞的吼声。

苏木无声将你拽到身后,抬起手臂格挡,见那人还要动手,你拔枪对准他:"你快走,这里交给我!"

来不及回头去看苏木是否离开,你冲上前,对准那黑影的心脏扣下扳机——

"等等。"

Zero 压低的嗓音在耳畔沉沉响起,他与你擦肩掠过,掠起冷风,将那人狠狠按倒在地。

白炽灯滋滋亮起。

被 Zero 压在地上的是这里的图书馆老师,他表情狰狞地朝你望过来,简直像对你有深仇大恨。

"他是人类。"Zero 注视他的瞳孔,"被催眠之类的超能力控制了。"

你赶紧走上前:"能猜到催眠他的人是谁吗?"

"强力催眠术会影响人的精神,不达成目的誓不罢休。"Zero 摇头,缓缓答,"催眠就像在受害人思维里埋下一枚炸弹,至于开关……或许是一句话,或许是某个图案。不好找。"

"看来敌人已经先下手为强了。"你神色凝重,"我给猎人署打过电话,他们过一会儿就来。"

"还有个问题。"你认真地注视着他,"你怎么会来得这么及时?"

——苏木消失了,Zero 凭空出现。

Zero 没有回答。

> **档案更新**
>
> Zero：经猎人署核实，受害者的确中了精神类超能力，声称失去意识前曾看到"亮闪闪的东西"，日常出入图书馆人员太多，无法逐一排查。
>
> 你：收到。

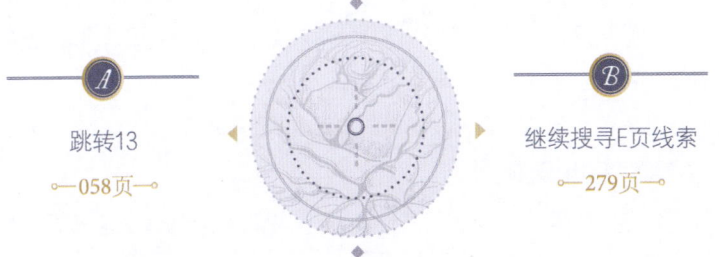

Ⓐ
跳转13
—058页—

Ⓑ
继续搜寻E页线索
—279页—

⑫

晚自习静得只能听见翻书声,老教室没有空调,上方风扇在燥热的空气里嘎吱转动。

你懒洋洋地趴在桌上。

苏木看你一眼:"中暑了?"

"饿。"你有气无力。

运动会快要开始了,你因为体测成绩优秀被拽去充数,每天嚷饿。

你的饥饿似乎也感染了苏木,他每天会多买一些食物囤着,自己却很少吃。

苏木拎起背包,翻出没开封的果汁和面包递给你:"吃吧,我帮你看着前后门的老师。"

"苏木同学……"你惊讶看他,灵光一闪,"难道是特意给我留的?"

他的目光挪回到书页上,沉浸在英文版的《百年孤独》中。

时钟滴答滴答。

白炽灯闪烁,几个学生不满地抬起头,忽然瞳孔一震,猛地起身朝你高喊:"风扇!"

风扇?

苏木从书中抬了抬头,眼神猝然敏锐。

教室灯灭,陷入漆黑,学生们尖叫。

上方传来崩落声,黑暗里随即响起急促的一声"小心",你同时被重重一扑,座椅倾倒,苏木将你压倒在地。

白炽灯再次亮起,学生们倒吸一口凉气:"砸到人了!"

血顺着苏木的额头滴落,他在千钧一发之际将你护住,风扇砸在他后背，转动的扇叶削破了他的额头。

你惊呼："快去医务室！"

几个男生连忙将苏木扶起，跑出教室。

"这位同学是皮外伤，没事，不要担心。"校医耐心地给苏木的额头上药。

你守在旁边，松了口气："听说咱们的风扇是刚维修过的……怎么会砸下来？"

"偷工减料呗。"校医无奈起身，"我去一下卫生间。"

"谢谢您。"苏木点了点头，和你一起目送校医离开。

"刚才没有吓着你吧？"他问。

"我没事。"你语气有些冷，"这种破设施也敢给学生用？这可不是赔几块钱医药费就能了事的。"

猎人们付出生命保护的学生，却因为校方的疏忽出事，你不能允许。

"我这种没有家长出头的学生，他们不会赔的。"苏木淡淡道。

你眼神坚定："我替你出头。"

苏木被你眼里的神采震得愣了下，忽然笑了笑。

很少见他笑起来的模样，倏忽让你想起暖冬雪融。

他说："谢谢。"

因为受伤，苏木止血后回教室取了背包，早早离校了。你等到晚自习结束，见其他学生没有出事，这才松了口气离开。

走在路灯下，路过烟火气浓重的小吃摊，你给苏木发了条语音：**你到家了吗？**

苏木很快回了短信：**还没有。**

你有些疑惑，正犹豫要不要问他在哪里，再抬头，目光望穿烧烤摊的烟火。

穿蓝校服的少年安静地坐在台阶前，低头看着手机屏幕，烟火气衬得他愈发白净。明明隔着熙攘的人影，你却清晰地看清了那张清秀淡漠的侧脸，有着不融入人群的孤僻。

你正要打招呼，却见他平静地点开微信，专注地将对方发来的语音听了第二遍。

那是你的头像。

刚才语气太随意，好像不太好听……你脸上莫名发烫，往不起眼的角落躲了躲。

拍拍脸，缓了一会儿。

你装作什么也没看到的样子，笑着和他打招呼："苏木同学，怎么坐在这儿？"

苏木抬了下眼，并不意外你的出现，他将手机收起："天黑了，没有我等你放学，会不会害怕？"

你愣了下，心中暖意漾开，笑着走过去："是啊，的确有点怕。"

"你的伤还疼吗？"

听苏木回答"没有"，你稍微放心了些："那咱们走吧……"

你的肚子咕噜噜地响起来，闻见馄饨的香味，有些饿。

"我不着急回家。"苏木轻声道。

你不好意思地笑："那咱们先吃点东西？"

"好。"

你买了一碗热腾腾的馄饨，苏木只买了一杯豆浆，在小吃摊转了几圈，居然找不到空闲的位置，你们只好先坐在刚才的台阶前，就地解决。

你一心一意地吹开热气，用塑料勺捞馄饨吃，有一绺长发险些滑落到汤里,你连忙往后退了退。垂落的长发被苏木及时拈起,动作轻缓地绕到你耳后,淡淡地痒。

"谢谢……"你心跳越来越快。

少年收回手,与你并肩坐在台阶上,安静地低头喝着自己的豆浆,耳根泛红。他抬了抬眼,望向摊位,却什么都没有说。

馄饨的热气里,你抬起头,发现三三两两的食客已经吃完离开,小吃摊早就空出了不少位置。

你们谁都没有说话,谁都没有先起身。

岔路口分别后,你发现自己竟忘了馄饨是什么味道。

独独记得那路灯的光,温柔得要融化,在心里满腔肆意地流淌。

第二天。

受伤的学生没有家长可以找上门,校方决定把这件事压下,当作小概率的意外事件。隔天大早,学生们胆战心惊地讨论着,被班主任高声喝止:"议论什么?背单词!"

苏木单肩背着包,推门走进教室。

议论声一停。

他表情如常,没有委屈也没有愤怒,简直可以用凉薄来形容,径自穿过你的座椅,坐在窗边位置。

额头上的创可贴,明晃晃有些刺目。

你忽然起身,吓了大家一跳:"老师,苏木受伤,请问学校那边怎么说?"

班主任表情冷淡:"坐下,这件事已经过去了。"

"老师,我想要一个说法,为什么咱们学校连医药费都没有出?还有,不是应该再找人重新检查一遍老化的风扇吗?"

后排几个学生小声附和:"对对,可吓人了……"

苏木抬头看你,向来平淡的双眸里泛起丝丝涟漪,他注视着你倔强的表情,稍微失神。

"好好学习就行了!"班主任拍案怒斥,"你有能耐,你自己找校方啊!"

"好,我自己找。"

你在哗然中起身,推门大步走出教室。

后方响起脚步声,你回头一看,是苏木追来。

你严肃对他说:"你不要劝我回去……"

"不。"苏木将包背在右肩,语气扬起笑意,"带我一起走。"

你带苏木去了附近警局,让他等在门口,自己则偷偷亮出猎人证:"第二高中疑似设施老化,有安全隐患,请求调查。"

警员有些为难:"您是初级猎人?"

你没想到自己权限不够,若没有高级担保人,无法申请调查。

两难之际,一位警员快步进来:"有S级血猎答应担保!"

你有些意外:"谁?"

"外面一位代号Zero的猎人。"

Zero?

你推门出去,只看见苏木孤零零地在走廊玩手机,灯光拉长少年的影子,笔直而孤绝。

他淡淡扫了你一眼,笑了笑:"办完了?"

警局很快派了人手过来检查。

学校风扇等设施经年未更换,早已不达标——但掉落事件更像是人为的。

面对询问，安装工人一脸茫然："这……警察同志，我肯定不会故意拧松螺丝砸自己饭碗啊，我那时候控制不住自己……"

"我真没喝酒！对了！开工之前他们学校有个老师来跟我聊过天……"

你接到后桌的短信：你和苏木在咱学校出名啦！大家都管你俩叫一线英雄！

你：……当英雄的代价是停课一周。

停课时间里你并没有闲着，而是将所有有类似催眠超能力的血族的档案翻了一遍，终于发现最可疑的那位。

血族档案

- 代号：Hypnos
- 等级：S
- 能力：催眠控制意识
- 明面身份：疑似教职工
- 状态：存活
- 更新记录

你：涉事工人曾与某位老师交谈，称无法控制自己的行为，不记得曾有意拧松螺丝。

Zero：收到。

Ⓐ 跳转13
—058页—

Ⓑ 继续搜寻E页线索
—279页—

⑬

一周后。

来学校的时候赶上运动会,正举行高三男子球赛,男生们在球场挥汗如雨,女生的助威声响彻操场。

环顾四周,你看见老李习惯性地玩着自己的硬币,站在人群外与体育老师聊天。

"你来啦!"后桌兴冲冲地把你拉过去,"快去给苏木加油啊!"

"苏木居然会打篮球?"你惊奇问。

还以为他只会临窗看书当个安静的美少年呢。

"他本来不想去,我们就跟他说'你同桌想看',他马上就去了。"

你:"……"

后桌拉着你过关斩将,挤到最前排。

第一次看苏木打篮球的模样,汗水微微打湿少年的白衬衫,扣篮时衣摆被风掀起,露出匀称的腰身,引来尖叫声。他的视线穿过尖叫的女生们,不经意扫过你,动作忽然变得迅速而敏捷,投了个完美的三分球。

休息时间。

后桌递给你一瓶冰水,将你推出人群:"快去呀,给他送去!"

热情助攻难以招架,你在众目睽睽下朝苏木走去:"这,这个,给你的……"

苏木不知怎么也红了耳根,接过冰水:"谢谢。"

"收了收了!"后桌带着一群女生起哄,"脸红了脸红了——"

操场上没有鲜花与红毯,只有学生们或兴奋或羞涩的脸,却让你们成为这场球赛最瞩目的主角,少年们肆无忌惮地将最美好纯粹的感情说出口，肆意欢呼"在一起在一起"。

有没有一个人，曾见证你孤独奋斗的青春？

有没有一个人，曾让所有人为你们欢呼"在一起"？

空白的青春回忆，在欢呼声里慢慢被填补完整。苏木将冰水递还过来，你连忙接过，十指握住瓶身，他却迟迟没有松手，你抬起头，见他认真地望过来，唇边扬起笑意。

"你终于回来了。"

运动会下半场很快开始，你被视为全班女生的希望，在赛道就位。

"选手各就各位！"

体育老师举起发令枪，迟迟没有扣动扳机，你疑惑望去，发现他眼神愈发迷茫，染上戾气。

不好！

他突然将枪口对准你。

砰——

你朝前扑去，惊险躲过，回头见他还要发射第二枪。

操场欢乐的气氛瞬间消失殆尽，有人高喊，有人尖叫，苏木急掠过来，几招将这位狂躁的体育老师制服在地，在师生们震惊的目光中，他眼神冷静，吩咐吓白了脸的裁判："报警！"

特殊科警署很快赶来了解情况，将你和体育老师带到隐蔽的地方。

"苏木呢？"你问。

"我们担心犯人会挣脱控制伤害他，就把他带到另一个地方单独询问了。"

体育老师被打了一剂镇定针，勉强恢复神智，惊恐抱住头："不是我干的……我只看见亮晶晶的东西一闪，我就……"

"警官，他不是有意的，是被人催眠了。"目送苏木离开，你亮出猎人证，"我来自猎人署，正执行潜伏任务，调查相关案件。"

"辛苦了。"警察朝你敬个礼，"之前他和什么人密切接触过？"

你皱眉思索着："什么人……"

太多了。

亮闪闪的东西？上一次被控制的人也曾声称看到过。

A 徽章 跳转18 —079页—

B 硬币 跳转14 —061页—

老李正在远处和警察交谈,手里抛起硬币,明晃晃地刺了一下你的眼睛。

你灵光一闪:"是硬币!"

几个警察冲出去将老李围起来:"麻烦你跟我们走一趟。"

"这,警察同志……"老李吓白了脸,语无伦次,"我是清白的啊,警察同志!"

有老师替他说话:"是啊,老李平时连个虫子都不敢拍……"

"请您配合调查,回警局再说。"

你则对师生谎称自己要做笔录,也跟着上了第二辆警车,在师生的围观下缓缓驶出校门口。你不经意顺车窗一扫,苏木正推开人群挤过来,追车跑了几步。

看他口型是"不要去"。

"等下!"你连忙出声,"停一下车!"

开车的警员置若罔闻,重重踩下油门,两辆警车一前一后猛地驶上立交桥,你掰了下车门,发现已经被反锁了!

警车发出尖锐的声响,歪歪扭扭向前。你起身要夺方向盘,车窗却被子弹哗啦击碎,你连忙抬起胳膊格挡,看见一只漆黑的乌鸦冲入前座,化作 Zero 的模样,抢夺方向盘,猛踩刹车。

慢了一步。

车内天旋地转,轰隆作响,你连声惊呼,看见 Zero 的面具在眼前无限放大,他将你紧紧拉入怀中,承受着冲击力与碎玻璃。

天旋地转终于停止。

窄小的车厢内蔓延开血腥味,听见 Zero 低低的闷哼声,你缓缓睁眼，看见他撑在你身前，面具片片剥落。

面具下是与苏木神似的面庞，五官已有了成年人的稳重，清秀里带着几分英俊。

"没事……"他低低咳嗽，"没事了……我早该想到警察也被控制……"

汽油的味道在车里散开。

他眼神涣散，失去最后一丝力气，无声朝你倒下。

你努力顺着座椅向上爬，踹碎剩下的玻璃，又费力地将他和警员都拖出车外，听着四周的议论声，忽然眼前一黑，倒了下去。

耳畔响起狰狞的声音，恍恍惚惚间对你说了一句话……

眼前是洁白的天花板，而你正躺在病床上。

愣了一会儿，病房门忽然被人轻轻推开，校服少年在清晨的光线里走来，手里还拎着一袋水果。暖阳洒在屋里，你见他迎着光走来，褐瞳愈发清浅，脸庞白净得没有一丝瑕疵。

有他的存在，单调的病房忽然变得明亮起来。

你轻轻松了口气："该叫你苏木同学，还是Zero？"

他将水果放在床头："你早就知道是我？"

"一开始不知道，不过……"你眨眨眼，"当排除所有其他可能性，只剩下一个的时候，它就有可能是真相，无论它看起来有多么不可能。福尔摩斯说的。"

"我的真名叫苏木，以后会用最真实的样子面对你。"苏木轻声道，"目标在押送到半路的时候控制警车逃了，对不起，我一开始没想到警察也被他催眠了。他用警察支开我，想对你下手。"

敌人果然就是学生口中和蔼可亲的老李,也正是那天替陆昼拖住 Zero 的血族。

他记得你的相貌。

转学第一天,他先控制低级血族白天出现,引你出动,确认了你是那天击伤他的血猎,再通过"意外事件"想要不动声色地除掉你。

——更像是偷偷摸摸行动。

难道他在畏惧什么人,而这个人不允许他伤害你?

不论如何,老李跑了,你们又陷入敌暗我明的境地。

"停课的时候我把所有的血族档案都翻了一遍,Hypnos 很有可能就是老李。"你拿出手机递给苏木,"血族报复性很强,可能会从家人朋友开始动手,你有要保护的人吗?"

苏木平静点头,漫不经心地削苹果:"有,我会二十四小时守在你身边。"

你有些意外:"我?"

"我没有家人可以守护。"苏木在苹果上扎牙签,"我从小在福利院长大,当上猎人之后和院里也不太联系了,眼下我在乎的人,只有你。"

这句"在乎"被他如此自然地说出口。

他静静地望着你,忽然认真开口:"三年前……"

一面之缘,难道他记得?

"我无意间在车站前解决了几只血族,普通的女孩都会尖叫逃跑或瘫在原地,只有一个女孩,她看着那些怪物的尸体,反问我,她也可以成为这么厉害的人吗。"

"我很少刻意去记住什么人,包括三年前的你。"苏木笑了笑,"你救我回家,我才发现……原来你比我想象里更优秀,让我想起当年的自己,弱小,孤独,却满腔热血。"

"命运,恰恰会垂怜你和我这样的人。"

他叉起一块苹果递到你嘴边,你正要张嘴,对方握牙签的手却稍稍往回挪。你下意识凑近,一抬眼,才发现你们之间以苹果为间隔,无限靠近。

苏木与你对视,轻声道:"现在的你,优秀到……让我感到好奇,忍不住接近。"

嗓音里的少年气微微收敛多了,几分属于 Zero 的沉稳。

你脸上发烫。

学生们的欢笑声叽叽喳喳响起,你和苏木同时抬头。

病房里走进一群同学,霎时热闹起来,女生们瞧着你和他略显暧昧的动作,发出"哇"的声音。

"吓死我了!"后桌扑过来抱住你,眼泪汪汪,"体育老师突然疯了吧……居然对你动手!"

你无奈地笑。

"苏木同学原来这么会打架啊!"她眼冒星星,"我是不是打扰你们啦?"

苏木正默默地自己把苹果吃下去,噎了下,没说话。

你从未受过这么多人的关照,看着一张张稚嫩又真诚的脸,轻声回答:"谢谢,医生说我今天就能出院了……"

后桌欢呼:"太好了!我听说今天是你生日,咱们在郊游之前开个生日聚会好不好?"

"郊游?"你愣了下。

"对呀,下周一去山里郊游,毕业前我就指望这个活动啦!"

你和苏木对视一眼。

学生们讨论着今晚去谁家聚会,最后一致决定去你后桌家。

小护士忍无可忍:"同学们,探完病赶紧出来,小声一点……"

"啊,对不起!"

后桌朝你眨眨眼:"七点开始,不见不散。"

你和苏木怔怔地目送这群学生走出病房。

"真是……"你无奈地笑,"朝气十足的班级啊,咱们是不是老了?对了,你真实年龄多大?"

苏木淡淡道:"比你大两岁。"

他又动作自然地叉起另一块苹果,朝你递来:"继续。"

跳转16

—068页—

⑮

你满心想着要让苏木清醒,唯独忘了自己。

可怖的情景浮现在脑海:外出游玩时侧翻的轿车,倒在地上的人们,有人紧紧捂着你的嘴,拼命克制住眼泪,躲过血族们的视线……

有只血族发现了你,直直地朝你走过来。

你惊恐地后退着,颤抖着,双手持枪朝前,紧紧闭眼扣动扳机。

一声枪响。

决斗结束,催眠术缓缓消失。在 Hypnos 疯狂的大笑声中,你的视线恢复正常,看到鲜血顺着苏木的胸膛流下,染红校服。

他的眼神恢复清醒,一瞬震惊后,缓缓冷静,意识到不可挽回的局面已经发生。

"苏,苏木……"

你上前几步,扶住摇晃的苏木,随着他一起跪坐在血泊里。

你想看清他渐渐苍白的脸庞,却被他轻轻拥入怀中:"没关系……我早就有牺牲的觉悟了。记住,我不是死在你的枪下,我是在追击目标时殉职的。"

你张了张嘴,说不出话,只在最后听清他的话语。

"路很长,继续走下去,不需要为我的死自责。"

苏木身体倾斜,安静地闭上眼,倒在你怀中。

理智断线。

你已不记得自己愤怒起身时,究竟对 Hypnos 开了多少枪,又有多少枪是低级血族为他挡下的。直升机的轰鸣声响起,支援队姗姗来迟,以强硬的火力击杀 Hypnos。

> Hypnos 成功剿灭，殉职人员：1。
> 我们是银子弹，是全体人类的剑与盾。
> 我们发誓与黑暗对抗到底，至死方休。

Zero 换上庄重的漆黑正装，双手在胸前交叠，紧握一枚银子弹，安静地躺在白花里，好似睡去，在猎人们哀悼的目光里，缓缓葬入墓园厚土。

他如此害怕孤独，一个人睡在地下，会不会害怕？

几个月后。

你单独来到墓园，面朝漆黑的墓碑，为他献上一枝花。

墓碑刻着"我的光"，很多人问过你是什么意思，你微笑摇头不语。

在那个静谧的课间午后，少年罕见地伏案睡去，阳光斜映在他的睡颜上，美好得仿佛能让岁月静止。

风吹过，吹起薄窗帘，哗啦啦翻动起少年压在胳膊下的日记，恰好停在某页，被你无意间瞥见。

短短一行，笔锋清秀而坚定。

"我想成为她的光。"

END.

我的光

⑯

后桌家居然是灯火通明的二层别墅。

你踩着高跟鞋,穿着小礼服迈步入场,立刻有同学过来迎接:"主角到啦,蛋糕在客厅里,快快快……"

学生们穿的都是常服,甚至有穿校服的,你有些脸红:"我,我是不是穿得太庄重了?"

"没事儿,还有人陪你穿礼服呢,你们俩真是心有灵犀……"

热闹的人群中,你看见那个安静倚在门口等你的少年。

苏木罕见地穿着衬衫领带,光影里显得瘦瘦高高,他一手漫不经心地抓着脱下的正装外套,慵懒地垂在腿边。

他一抬眼,目光望穿欢笑的人群,定定落在你身上,眼中好似熠熠亮起无声的星芒。

"你也穿了正装啊。"你一路小跑,压低声音,"看来只有咱们两个无聊的大人,听见晚宴的第一反应是换正装?"

"嗯。"苏木陪你走进客厅。

看出你因穿着太庄重而不好意思,他一声不响地把外套穿好。

不知谁关了灯,点起蜡烛。苏木和你肩并肩被按坐在沙发上,偷偷瞥向他的面容,被灯光晕染上一层淡淡的暖意,忽明忽灭,他陪学生们一起给你唱起生日歌,声线温柔。

学生们围着沙发玩起真心话大冒险,轮到苏木,问题是"你有没有喜欢的人"。

苏木在所有人的屏息注视下轻声回答:"有。"

"哇——"

下一个输家还是苏木，问题继续："什么时候喜欢她的？"

"一开始……她早就闯进我的生命里，但我没有察觉，现在才发现她变得闪闪发光。"苏木缓缓答，"有时莽撞冲动，有时无端的热血正义，但这些品质在她身上，就让人忍不住……想去接近她。"

四周不知何时已经安静下来。

苏木低着头，耳根泛红，微微垂目。

下一个轮到你，有人起哄："苏木同学符不符合你心目中恋人的标准？"

不能带坏这群孩子，你一本正经："还是等彼此长大一点再说吧。"

学生们失望地"唉"了声。

察觉到苏木的目光，你莫名心虚："总之……我喜欢更成熟的大人。"

下个游戏要求输家喝酒，你运气不好总是输，刚倒好酒就被苏木抢先拿起酒杯，仰头替你一饮而尽。

学生们笑着喊他护花使者。

转眼到深夜，大家都变得醉意醺然。

你担心地看着苏木，见他脸庞泛起醉意的红晕，靠在沙发上，领带不知何时被他自己拽乱，露出锁骨与脖颈，低低嘟囔："星……"

你凑过去："什么？"

"星星……"苏木抬眸望过来，一脸认真，"我要看星星……"

"不行，酒后吹风容易生病。"

"你的眼睛里……"他专注地与你四目相对，"也有……"

实在说不过他，你扶着苏木往天台去，夜风吹拂，漫天繁星，远处都市夜景繁华。你小心翼翼扶着苏木坐下，不料他闷哼一声，醉醺醺地将头靠在你的肩膀。

你任他倚靠："咱们什么时候下楼？"

"等我成熟……"他低低念叨。

你头顶冒问号："成熟，你是蔬菜吗？"

"等到在你眼里，我变成一个成熟的大人……"他嘟嘟囔囔，"我早就成年了，还比你大两岁……"

难道他是因为你之前的胡言乱语生气了？

堂堂S级血猎Zero，无数小猎人憧憬的榜样，此时居然跟一只大型黑猫似的靠着你，还生闷气了？！

你扑哧笑出声。

"我这不是怕学生们早恋耽误高考吗？"你无奈安慰，"你和我的年龄哪算早恋……"

"可我连你过生日都不知道……"他继续赌气，"他们都知道，就我不知道……我不配喜欢你。"

这都哪儿跟哪儿啊？

"可是我也不知道你的生日呀。"你拍拍他的后背。

"我也不知道，有人把我丢在福利院门口，出生证明也没有……"苏木垂了垂眼，忽然有些伤心，"内向的小孩容易受欺负，超能力没觉醒前，很多孩子每天都排挤我……他们扯坏我的课本，考试时踢我凳子……去告诉老师，老师反问我做错了什么才讨人嫌……"

你愣了下，心中悄然柔和："这些都不是你的错，绝对不是，你值得喜欢。"

"我值得被你喜欢吗？"

"当然。"你笑了下，"那今天也算是你的生日，好不好？以后咱们一起过。"

他看了你一会儿，默默点头。

"就咱们两个人好不好？我暂时……还不能接受太热闹的场合。"

不知过了多久，苏木脸上浓重的酒意散去，他揉揉额头，慢慢清醒。

"我是不是说了什么胡话？"

"哪有，听你能敞开心扉，我很开心。"你笑着看他，"不喜欢人群，那就用你喜欢的方式过生日，好不好？"

苏木缓缓起身，朝你伸手："我有个经常去的地方，你要去吗？"

"好啊。"

右手被他紧紧牵住。

再睁开眼，你发现自己被苏木抱在怀中，俯瞰这座繁华的都市。漆黑的翅膀自他身后展开，用力一拍，直直朝夜空俯冲，迅速穿过高楼大厦。

你惊喜出声："你真的好像漫画里的英雄啊！"

苏木稳稳落在X市最高的建筑之巅，将万家灯火尽收眼底。

"如果你想，我会是你的英雄。"他站在你身后，在你耳畔轻轻开口，"这座城市的夜，现在属于你。"

这里像个孤独的秘密基地，他曾反复看过这些夜景。

这座城市亮起千万家灯火，有千万双期盼亲人回家的眼眸，千万个在良夜里拥吻的恋人。

你想起那些欢笑的学生，最终他们也会经历高考，跌跌撞撞地长大，然后真正懂得去爱一个人。

——在此之前，你们的职责是守护他们成年，用子弹为少年们击退一切暗流汹涌。

THE STAR

"下周一去山里郊游,毕业前我就指望这个活动啦!"

学生们口中的那场郊游在你心里一闪而过,给你的心情添了几分阴霾,在目标没有被彻底消灭之前,你们真的可以放任学生们去深山吗?

你的想法:

A 阻止太难,不如和学生们一起去

跳转19
—080页—

B 极力阻止学生们郊游

跳转?

◆ 提示:想要阻止危险降临,不如去问问死神吧。

⑰

默默在心里说了句抱歉。

在没有消灭目标的情况下，放任师生去郊游实在太危险，你们以警察身份通知校方，遗憾地取消了周一的春游。

苏木轻声开口："如果这个世界没有那些怪物，所有人都会比现在自由很多。"

你正要说话，忽然发现对面大厦匍匐着一个黑影，架着狙击枪对准这边。

银子弹划破黑夜。

苏木按下你的头，与你重重扑倒在地。

"猎人？！"你错愕。

第二阵枪响扫过。

苏木将你一把抱起，翅膀展开朝安全处飞去，地面也有血猎朝你们开枪，子弹惊险擦身而过。

居然明目张胆地在普通群众面前开枪！

"我们不是血族！"你高喊。

"不对劲。"苏木嗓音压低，"他们被催眠了。"

大厦间的荧幕亮起一样的投影，熟悉的弹硬币声让你心里一惊！荧幕里被催眠的艺人呆呆坐着，望向冲入节目现场的 Hypnos。他狞笑着望着镜头："去杀那两个人。"

另一群血族匆匆闯入演播室，将失去理智的 Hypnos 强行带走，你认出其中那位是陆昼的助理。

来不及去想血族们是否内斗了。

这档节目收视率奇高，火遍大街小巷，也就说明……

子弹擦过苏木的翅膀,黑压压的人群如同蚂蚁汇聚,无论血猎还是普通市民,低级还是高级血族,都倾巢出动,杀气腾腾地抬头注视着你们。

——Hypnos 的报复来得迅速又凶猛,所有人都变成了你们的敌人!

"那里!"你指向无人的街巷。

苏木猛扇翅膀,在呐喊与枪响声里拐弯,降落在漆黑中,牵着你匆匆奔跑。

变故发生太快,你脑中一片混乱。

不知道要逃往哪里。

不知道哪里才安全。

在这座陷入疯狂的城市里穿梭,所有的大屏幕都高清转播你们逃亡的身影,直升机吹起狂风,聚光灯打在你们身上,如影随形。

"跟紧我。"苏木的声音冷静响起,"Hypnos 是陆昼的手下,去找陆昼。"

——若黑夜里没有炬火,你们是彼此唯一的光。

忽然想起昏迷之际,Hypnos 悄悄对你说的那句话:"你们都活不过今夜。"

你们闯进陆昼的公司大楼,黑压压的人群随后追来。

你疯狂拍着电梯按钮,空荡荡的上行电梯终于对你们敞开。

迈进电梯,苏木却没跟过来,你惊讶转过头,看见他的背影孤绝,扔下打空的手枪,拔出蝴蝶刀在指尖转动,替你挡下涌来的人群。

电梯门缓缓关闭。

"你先走吧。"他面朝汹涌的人群，朝你的方向微微一瞥，平静承诺，"我会追过来。"

电梯门开启。

你跌跌撞撞穿过空旷的走廊，一把推开总裁办公室的门，嗅见满地血腥，满地都是尸体。

幽微月光勾勒出落地窗前两个人的轮廓，Hypnos 惶恐跪地，面朝那个穿黑西服的男人，语无伦次地解释："催眠术一旦发出去就无法撤销了！您，您也盼着 Zero 这个隐患早点死不是吗……"

他面目狰狞，不再有老李和蔼可亲的模样。

陆昼的枪口抵着他的额头，微微眯起猩红的双眸："我的命令是让你收手。"

Hypnos 歇斯底里："现在就差一步……差一步我就能杀了 Zero 和他的女人！"

"他的女人？"陆昼指尖抵在扳机，缓缓下压，淡淡道，"撤销不了，那你就去死吧。"

"我死了命令也撤销不了！"Hypnos 绝望喊，"只有达成目标的时候才能令一切恢复——"

你竟不知该朝谁开枪。

窝里斗？

身后掠来危险的冷风。

抵在 Hypnos 额头上的枪口突然一挪，是陆昼冷冷朝你抬起枪口，砰一声，击穿你身后血族的心脏。

Hypnos 暴起朝他反击。

陆昼凌厉出手将他掀翻在地，又缓缓抬起皮鞋，居高临下碾过对方的手背："你就是到死也学不会服从。"

Hypnos 怨毒地望向他："杀了我，你也不得好死！我现在不杀他们了，改成杀……"

陆昼一枪击穿他的胸口。

Hypnos 在血泊里苟延残喘，还是将最后的命令说出口："……你。"

你看着这一幕，半晌才说出话："为什么帮我？"

如果他想杀 Hypnos，为什么迟迟不开枪？非要等到催眠命令转移才……最不可能的念头冒出，却被男人淡淡一句话掐灭。

"我只是清理自己不听话的手下而已。"陆昼收起枪，朝你走来，"现在，是不是该清理第二个不听话的人了？"

你抬起枪："我看没这个必要了。"

毛骨悚然的嘶吼声响起，陆昼淡淡扫了一眼身后的落地窗，无数血族已经围住这里，如同漆黑的潮水，贪婪地包围了这座大楼。

"看来我一时疏忽，把自己逼入末路了啊。"

他的语气永远都是这么优雅，从容不迫，就这么朝着你迈步过来，任你的枪口抵住自己的心脏。

你扣动扳机，发现子弹打空了。

手腕被陆昼一把拽起，你被他抵住下巴，看着他优雅地俯身过来，艰难出声："你……自找的……"

"嗯，我自找的。"男人垂目凑近你的脖颈……

有人破门而入。

苏木冲过来，蝴蝶刀猛地贯穿陆昼的喉咙，血流如注，他紧紧握住刀柄，将陆昼重重撞在落地窗上。

黑压压的血族爬上窗，贪婪地注视着陆昼。

哗啦——

它们用蛮力撞碎玻璃，如潮水吞没陆昼的身体，撕扯他的四肢，携着他破窗而出，朝高楼下坠落，至死方休。

黑夜吞噬了他，赐予他这场可怖的葬礼。

你跪坐在地，不知为何，泪流满面。

有人将手轻轻放在你的肩膀，是苏木正朝你伸手，轻声问："站得起来吗？"

黑夜消散。

迎来曙光。

随着陆昼的死亡，盛大的噩梦烟消云散。

苏木抱起你，展开羽翼，在晨光里朝新生的城市上空掠去。

回到别墅，学生们正打着哈欠起床，纷纷嘲笑你们的黑眼圈："看来咱们昨晚有人一宿没睡啊？"

既然百口难辩，你便不置可否，笑着朝苏木望去。

苏木挪开目光，悄然红了脸。

"还有一件事。"你郑重开口，"我和苏木……因为父母工作原因，可能要转学了，各位，高考加油。"

少年们的离别总是如此大喜大悲，办离校手续那天，拥抱不可少，哭泣也不可少。

你们脱下校服，正式回归血猎身份，化作黑夜里守护这座城市的银子弹。

在某个习以为常的巡视夜里，再登临城市最高点，俯瞰万千灯火，你又想起当初那句"我会成为你的英雄"。

"我决定了,不要你成为我的英雄。"

苏木坐在你身旁,漫不经心,把玩着手里的面具:"想要什么?"

黑夜茫茫,前路漫漫。

这座城市再亮起万家灯火,有人笑,有人哭,有人黯然收场,有人开始相爱。

你接过他的面具,笑着盖在自己脸上:"我要当那个不输给你的搭档,怎么样?"

苏木的脸庞无限靠近,他就这么含蓄又大胆地、猝不及防又顺理成章地,隔着面具,吻了下来。

"好。"

END.

全民公敌

"难道是徽章？"你脱口而出。

警察怀疑地看着你。

你也感觉这个推测不太靠谱，如果是徽章，一定会有个非常明显的记忆图案，而受害者们只说是"亮晶晶"的东西。

这个东西，一定比徽章更常见，常见到让人不留神就会忽略它。

| 跳转回13 |
—060页—

19

"下周一郊游……"你缓缓开口,"咱们陪学生一起去吧?"

昏迷时 Hypnos 对你说的那句话逐渐清晰。

"猜猜孩子们会不会和你一样坚强?"

你想尽力阻止这次郊游,却没能成功,只好提前联络猎人署调援队过来,你们则继续伪装成学生,乘大巴车一起去。

周一一大早,大巴车在轻松愉快的气氛中朝山里驶去。

和苏木并肩坐在后排,望着窗外的青山与绿水,你忧心忡忡,苏木的嗓音却驱散了心头的阴霾:"听歌吗?"

他将一只耳机递过来,你习惯性戴好,忽然发现这是在众目睽睽下……

果然,满车学生眼冒星光地望了过来。

"苏木同学,你们要填同一个志愿吗?"

"是不是要考去同一个城市啊?"

你无奈地瞥了苏木一眼:"他可是年级第一……"

"那苏木会不会为你少填几道题呀?"有个女生傻傻地问。

你愣了下,严肃地望向苏木:"我希望他不会。"

"嗯。"苏木从窗外挪回目光,好似看着一群天真的小羊羔,"来日方长,不要因为一时意气,为了某个人放弃自己的未来,真心喜欢你的人,绝不会拉着你后退。"

生活老师感动不已:"苏木同学说得太棒了!"

你跟着笑。

阳光映在少年的蓝白校服上,树影在他的侧脸投下斑驳的光影,神情乍看依旧与世无争，只有他身旁的你，才能发现他唇角淡淡扬起的弧度。

"既然我们不用考试。"他放轻音量，"我会站在原地，等你走过来。"

大巴车摇晃，你不知不觉困意上涌，只觉得学生们的笑声愈发模糊。

从短暂的小睡中惊醒，你发现自己的头靠在苏木肩上，少年校服上淡淡的洗衣皂清香让人格外心安。

他平静地从窗外挪回目光，轻声道："到了我会叫你，睡吧。"

为了你，他居然一动不动地保持着这个姿势。

你懒洋洋地打个哈欠，朝他安心地微微一笑，大大方方地调整更惬意的姿势，又靠在他肩膀上舒舒服服地闭上眼。

少年瞥过来，唇角微扬。

再醒来时，大巴车已经停在了场地。

学生们兴奋地扎寨露营，准备篝火。

夜色缓缓降临在山林，听着学生们欢快的聊天声，你忐忑的心渐渐放松，接下来只要等血猎署派来的支援小组过来就可以了。

再看苏木，他平静地站在人群之外，微微抬头望着篝火，火光勾勒出少年清瘦的侧影。

你笑着走过去，听他轻声道："我念书的时候不参加这些活动，第一次看到真正的篝火。"

学生们手拉着手，在老师的指挥下围着篝火唱起歌来。后桌欢快地招呼你们过来玩，你正要过去，却轻轻被苏木牵住袖角。

火光在他眼眸里闪烁跳动："刚才我找到一个很美的地方，要去看看吗？"

你被少年牵着往不远处的丛林走去。拨开草丛，穿过树枝，看清夜色下飞舞的众多光点，你不禁惊呼出声："萤火虫！"

都市里难得一见的萤火虫，居然在这静谧的林中角落成群结队地飞舞，仿佛将学生们热闹的欢笑声隔绝很远，你们眼前只剩下这静谧的小世界。

流萤浮动，渐渐迷离，交织成触手可及的星光。

你想叫其他人也来看，却有一股不舍扯着你的步子，不愿打破此时属于两人的静谧。似乎察觉你的心思，苏木牵你袖角的力度微微重了些，他安静地朝你望过来。

——想和你独享此时此刻。

这句话简直要穿过他的眼神，传达到你心里。

少年的头发间莹莹发亮，原来是一只萤火虫无声落在他头上。

你忍俊不禁："来，过来点。"

苏木朝你微微俯身。

你专注地凑近他，轻轻捏起那只萤火虫放飞。目送那只迷路的小虫飞远，你察觉对方的注视，挪回视线，冷不防撞入少年专注而温柔的目光里。

"你的眼里，有星星。"他轻声道。

你知道他眼里也同样藏起了一颗星星。

不如月亮幽远、不及太阳耀目，可它是你触手可及的星星。

他无声俯身过来。

——在你朝星星努力奔跑的时候，星星没有高高地挂在北方，而是义无反顾朝你而来。

你们在夜色流萤中，将星光拥入满怀。

受到未知敌人阻止……支援小组无法按时赶到现场……

通信器里断断续续的声音让你们惊醒。

走近营地,这里篝火光芒明亮,学生们依然唱着跳着,你和苏木对视一眼,拿出手机:"呼叫支援小组,你们当前坐标是?"

那边传来断断续续的声音。

猎人署的网络分布全球,绝不会在这种不算深山的地方失去信号,除非支援队出了意外。

天愈发黑了下来。

你焦急地等了几分钟,下定决心:"不行,还是不能让学生在这里过夜,我去和老师说一声。"

苏木正要说话,听见树丛深处传来窸窸窣窣的声音,他警惕抬手将你护在身后。

学生惊叫:"那是什么?!"

"怪,怪物——"

几十只低级血族从四面八方缓缓逼近!

"支援队赶来之前,分散保护好学生!"

你拔枪高喝,正要朝容易被击破的方向跑去,忽然听见老李熟悉的笑呵呵的声音:"哎呀,同学们,看见老师就这么惊讶吗?"

他依旧是散漫的样子,双眸却泛起狰狞的猩红色,是 Hypnos 原本的模样。

师生们惊恐地后退,缩在一起:"李老师……"

你朝 Hypnos 扣下扳机,学生们惊恐地抱住头。一只低级血族猛地冲过来,替 Hypnos 挡了子弹,轰然倒地。

"他们的命在老师手里,苏木同学你们这样动粗,真的好吗?"

"别自称老师,"苏木冷漠回答,"你不配。"

"好好好。"Hypnos 叹了口气,眼珠一转,"不过,你们可是让我吃了好大苦头啊……要不是那家伙莫名其妙撤回命令,我哪能这么狼狈呢。"

你没心思琢磨他说的那家伙到底是谁:"你想怎么样?"

"很简单,趁着篝火晚会来个助兴节目吧。"Hypnos 一弹硬币,"我对你们讲过罗马斗兽场的故事,对不对?今晚你和 Zero 就好好儿斗一场吧,同学们,坐好看节目——"

"不要看他的硬币!"苏木持枪朝前。

"晚了。"Hypnos 笑着,"他们早就被我种下催眠的火种,现在,只要我下达命令——"

哭喊声停止,师生们变了脸色,自觉地围坐在篝火旁。

纷乱的情绪疯狂上涌,你努力克制,紧紧抱住头。

视线渐渐模糊,最后听清苏木冷静的叮嘱。

"看到什么,都不要相信。"

学生们浑浑噩噩地抬起头,看见篝火勾勒出两个人对峙的身影,在血族们低低的笑声里,他们冷冷注视着彼此,抬起了枪。

先让自己保持清醒　　　　　　先试图让苏木清醒
跳转20　　　　　　　　　　　跳转15
—085页—　　　　　　　　　—066页—

在火光中,你们开枪,躲闪,殊死决斗。

你的银子弹掠过苏木的脸侧,划开一道淡淡的血痕,苏木侧身翻滚,朝你一枪射来,又被你紧急躲开。

唤醒对方的前提是,你自己要保持清醒!

你努力盯着苏木,看清他眼眸里属于 Zero 的冷静渐渐消失,仿佛真的变成了这个年纪的少年。他深深恐惧着什么,持枪对准你:"别过来……"

你心中一颤,想起那些关于校园欺凌的新闻,那是受害少年的眼神,那是被纯粹的恶意所包围时,想挣扎却无助的恐惧目光!

少年仿佛卸下强大的外壳,猝然回到了那段不堪回首的时光,他孤僻又倔强,既恐惧又不甘,努力反抗却无能为力。

这一刻他不再是 Zero,而是真正少年时的苏木。

"苏木同学……"你艰难地开口,"不要相信眼前的东西,那些都是假的……记得吗?这些都不是你的错,你不需要承受这些后续的情绪影响……"

你被重重按倒在地,少年双手颤抖,缓缓将枪口对准了你的额头。

"我不能改变你的过去,"你抬起头,缓缓出声,"但我……我想改变你的未来,有我在,你一定会慢慢远离那些阴影,无论是几年还是几十年。"

他迷失在茫茫黑夜。

你是他唯一的光。

苏木指尖慢慢下压，扣动扳机。

Hypnos 的笑容愈发狰狞。

苏木冷冷朝他一抬枪口，扣动扳机，银子弹射穿低级血族的心脏，Hypnos 不可置信地站起身，推开为自己挡枪的血族："快，杀了他们——"

低级血族被直升机的轰鸣声吓得四散，火舌射出，Hypnos 身躯千疮百孔地倒下。

你的手机响起："救援队已到场……"

狂风吹起少年校服的衣角，他慢慢起身，朝你伸手，眼神从恐惧迷茫转为冷静平和，你仿佛目睹了苏木从少年逐渐成为强大的猎人 Zero 的整个青春。

学生们如梦方醒，哭成一团。

Hypnos 成功消灭。

签过保密协议后，经过相关心理指导，大部分学生已经脱离恐惧，可以参加今年高考，小部分仍需治疗，或决定复读。

你感到深深的愧疚。

直到苏木来找你。

"学校领导层也被催眠了，所以春游才没能取消，不要太自责。"

少年穿着蓝白校服，右肩背着黑色背包，出现在你的家门口，他脸庞迎着光，美好得好似下一瞬就消失不见的传说人物。

这一次,你再也不用担心他消失在这个世上。

因为他已经抬起手,与你紧紧相握:"猎人署下达最后的任务,让我们再回一趟学校,检查隐患,走吧。"

慵懒的午后。

你们最后一次走进这所学校,协助警员检查完所有隐患。

和苏木并肩走在林荫小道。

夏末的风吹过,吹来篮球场上的呐喊声,你恍若隔世,好像要放一场悠长的假,假期过了,还会再回到这里。

公交车缓缓朝站牌驶来。

"离太阳下山还很早,要不要坐公交?"苏木问,"看看风景,到了想留下欣赏的景点,就下车去看看。"

你抬起头,骄阳,树荫,与少年的脸庞。

"好啊。"

眼看公交车要开走,你连忙一把拽起苏木的手,向前跑着:"等等我们!"

你们紧紧牵着手,匆匆追着汽笛声,穿过一层层树影斑驳,双双踏入夏天的阳光里——

这世上生活着很多很多的人。

有人从黑夜里来,仰望星空,走向天明。

有人此生都热血满腔。

有人始终心向青春。

还有人永远年轻，不经意间，就做了一辈子少年。

END.

少年的你

THE EMPEROR

陆/昼
Lu zhou

Declaration

想从我身边逃走?
你,逃得开吗?

You try to escape from me?

X市国际机场。

VIP通道旁黑压压的人潮爆发出"哇"的尖叫声,数不清的长枪短炮对准了从尽头走来的男人,记者与粉丝早就挤满了机场,只为捕捉这位新晋影帝最新的身影。

男人还穿着参加颁奖典礼时的西服,挺拔而修长的轮廓如黑夜尽头出现的一缕烟火。他被簇拥着走进镜头范围内,英俊的眉眼里带着淡淡的高傲,每一帧都是浑然天成的海报封面。

"陆昼——"

尖叫与快门震天响,保安们冲过来维持现场秩序。

陆昼不动声色地低头,漠视那些尖叫推搡的人群,目光落在手机屏上。他娴熟地滑动列表,点开特别关注。

"我不在的时候,身体有没有异常……"

修长的手指在屏幕敲下短短一行字,又逐字删掉。

"给你一小时,来国际机场找我。"

发送。

对方已读,未回。

他自嘲地勾了下唇角,抬起头,皮鞋迈出优雅从容的第一步,身影随后淹没在尖叫声与闪光灯的洗礼中。全世界仿佛都对他亮起来,每一步都仿佛在迈向未冕为王的宝座。

灯光不入他眼。

热闹与他无关。

这座城市会亮起万家灯火,而他只在乎一个人。

即使——

要他亲手推开她，一步步划出沟壑。

要他沉入黑暗里，托着她向光明而去。

即使双手被这朵玫瑰刺得鲜血淋漓，血淌下来，显得他面目狰狞。

"所见非真。"

你对季老板说出的第一句话百思不得其解，却被他第二句话惊出冷汗："暂时低头，未必永远低头。"

你满以为自己成为猎人，就可以不再受他的操控，却忘了对方是S+的强大血族，现在还不是宣战的时候。

取来猎人证，你扫了眼手机，离跟陆昼约定的时间还剩二十分钟！

你咬咬牙，打了辆车前往机场。

刚下出租车，你就看见浪潮般的人群，里外三层，簇拥着穿西服的男人走出机场大厅。

有人天生万众瞩目，他自晦夜里出现，骨子里独断且冷漠，偏偏每一步都走得光芒万丈。

你又收到一条短信，原来他早就隔着人群发现了你。

"车上等我。"

正看着手机，你忽然被人群撞得踉跄，这才发现自己好巧不巧就挡在陆昼前行的路上。你想后退，却被人群挤到追星第一线。

你向前摔去，忽然被一双有力的手揽住腰身，鼻尖重重撞上对方的胸膛，熟悉的男士香水味在你的鼻腔里攻城略地。

男人垂目望着你，眼中是从未崩塌过的高傲："走路玩手机，不要命了？"

你不咸不淡一抬眼皮:"多谢。"

在周围粉丝连片的尖叫声中,保镖要拉开你。

"她是我的人。"陆昼抬手将你护在身旁,嗓音低沉而有磁性,"过来。"

你将口罩拉严实,快步跟着陆昼上车。

和他并排坐在后座,你浑身好似长刺般不自在,司机还好巧不巧打了个转向,你身子一歪,几乎要跌入陆昼怀里,手胡乱一抓,不巧抓在他的大腿上。

"我看你今天不太聪明。"陆昼没动,任你抓着他。

"你粉丝太多,看着头晕。"你触电般缩回手,在衣服上擦擦,"你不是讨厌热闹?怎么会屈尊出现在这里?"

"私人飞机被几个想挑战我的小鬼炸了。"留意到你的动作,他嗓音低沉,车内温度骤降。

你毫不在乎,笑盈盈道:"哎,真可惜你不在飞机上。"

司机战战兢兢地瞟着后视镜。

"嗯,可惜。"陆昼靠坐着,态度从容得近乎慵懒,"不舒服,咱们改下次也可以。"

"速战速决,我忙着呢。"你摇头。

私家车开出狗仔队的追拍范围,停在不起眼的城区,见司机对你咽了下唾沫,陆昼皱起眉,后者立刻识相地脚底抹油,临走前还不忘恭维:"祝老板用餐愉快。"

捕猎者注视食物的贪婪。

你皱了皱眉,有些反胃。

"他让我很不高兴,放心,你不会再看到他。"陆昼朝你俯身。

男人深沉的黑眸亮起猩红色,如同星火燎燃。

他轻柔地撩起你颈间的长发，修长的手指托起你的下巴，如同对待自己的爱人般优雅。随后，微一用力，迫使你抬头。

你闭上眼，就当是曙光亮起前的噩梦。

手机滑落到车座上，嗡嗡亮起。

陆昼松开你，从西装口袋里拿出洁白的手帕，优雅地擦拭唇角，似有所思："是你一直丢三落四，还是这个月功力见长？"

你冷冷地拿起手机下车，忽然又被他叫住。

"掉出来一个有意思的东西。"

男人坐在车里，漫不经心地朝你侧了侧头，唇边带着一丝若有若无的笑意，颇有些用餐之余的慵懒，俊美的五官却依然散发着危险的气息。

你心中警铃大作："你……"

猎人证被男人修长有力的手指随意玩弄着，好似只要稍稍用力，就会被轻易折损，可他偏偏动作慢条斯理，让你的心一次次悬起。

"想要就上车。"

无论他想对你做什么，都不会是一笔划算的交易，但是此时路人太少，你绝对逃不掉。

你叹了口气，坦然上车。

陆昼淡淡命令司机开车，话语间甚至有一丝饶有兴致的笑意，却让你如芒刺在背。

他在愉快什么？

你不冷不淡问："去哪儿？"

"既然你想当猎人，"陆昼悠悠道，"带你去一个地方。"

这些年也算了解他的脾气，杀伐果断，不动声色。难道见你成为猎人，违逆了他的意思，他要毁尸灭迹？

你暗暗握紧了包里的手枪。

陆昼率先迈下车，朝你伸手，骨子里的优雅浑然天成。

你冷冷瞥他："这是哪里？"

他见惯了你的态度，毫不介意地收回手："有实力的猎人是银子弹，没有实力的猎人，只会是血族的垫脚石，你是哪种？"

他对你说话总是漫不经心，明知你如今也是个猎人，却连威压都不屑施加给你。

你皱了皱眉："我会成为第一种的。"

"哦？"陆昼迈步朝你们眼前的地下场所走去，一声轻笑，"拭目以待。"

这里居然有许多血族厮混在一起，有人调笑，有人喝酒，高级血族们往往有自己的聚集地，而眼前的地下场所的神秘老板就是陆昼。

他天生适合一切光与影的场合，阴影与他的西服融为一体，如同刀鞘，光线映照在他俊美的眉眼上，锋利如刀。

所有猩红的目光都朝你们望过来，恭敬得如同臣子朝见帝王。

——Emperor 痛恨血族，却选择用雷厉风行的铁腕手段，高傲地为自己筑起王座，统治他们。

他径自带你穿过灯红酒绿，这里居然有一处练靶场，琳琅满目的枪支挂在墙上，架子上甚至还放着修长的唐刀。

"在我眼前证明你的实力。"他漫不经心命令，"如果你轻易就死在别人手里，我会很不高兴。"

你猜不透他究竟什么意思，只好拿起一把枪，朝标靶瞄准。

你心神不定地扣动扳机，却没想到这支枪不适合你，你被后坐力震得向后猛退一步，后背重重撞上陆昼的胸膛，发出一声惊呼。

男人修长有力的手牢牢握住你的指尖，稳稳向上一抬。

"连后坐力都承受不住，当什么猎人？"

他的指尖牵着你的指尖，用力下压，扣动扳机，连开六枪，每一枪都命中红心。

硝烟与男人西服上深沉的香水味交织缠绵，致命又无声地蛊惑着你。咫尺间听见他平稳的呼吸声，你有些恍惚，突然听到他的低笑从耳畔拂过。

"当年我亲手结束第一个血族的时候……就是这样朝他开了六枪，每一枪，都正中心脏。"

你毛骨悚然，猝然从短暂的幻梦中惊醒。

"我不想听你炫耀你的变态嗜好，你只是仗着自己实力强大，肆意玩弄猎物而已。"你冷冷出声。

似乎是你的话说得太重，陆昼沉默着，他的手不自觉用力一沉，戒指硌得人手痛，你不禁又皱了下眉。

这细节落入他眼里，对方的手劲无声松了松。

你电光火石间迅速退后，警惕地举枪朝向他。

"眼神不错。"

他唇边勾起饶有兴致的弧度，忽然一手抓住枪管往回拽，拽得你向前踉跄，几乎要栽入他怀里。

你错愕地抬起头，见枪口正抵着他的心脏。

"接下来你要迈入的世界，可比你想象的危险得多。"他居高临下，与你对视，"朝这里开枪，你，有勇气吗？"

A 开	B 不开
跳转2	跳转8
—096页—	—109页—

②

开?不开?要开吗?可是开的话,不开的话……

脑子极度混乱。

你终于下定决心,这一刻勇气到达顶峰,对着男人的心脏用力扣动扳机,自己却先紧紧闭上了眼。你的心脏好似被猛地捏起,阵阵发疼,原本平静无波的心海被投入石子。

咔擦。

这是一把空枪。

刚才的一瞬间已抽走了你所有的勇气,枪从你手上滑落,你怔怔后退两步,身体一软几乎要瘫坐在地。陆昼疾步过来,一手拽住你的手腕,一手紧紧揽住你的腰。

"想起什么了?"

你缓缓抬头,见男人漆黑的瞳孔深处燃起丝丝光亮,仿佛在暗中期待着什么,好像经年未归家的游子,在无尽冬夜看见一盏孤灯。下一刻,他矛盾地拧起眉头,眼里的期待倏忽灭了,被熟悉的冷漠代替。

还没等你推开他,他先退后一步。

"不错,这样才能在我的世界里活下来。"他淡淡道,"如果你哪天与我对峙,希望你也有今天的勇气。"

跳转3
——097页——

在陆昼的注视下,你不知朝标靶开了多少枪,终于做到勉强打中红心时,天已经黑了。

他从西服外套口袋里拿出你的血猎证书,淡淡抛过来,你连忙接住。

"天太晚,我让人开车送你回家。"

你感到困惑:"你带我来这儿,只是想锻炼我的能力?"

男人已迈步朝远处走去,光与暗之下,他的步伐带着独有的高傲,愈发像一缕捉摸不透的黑色烟火:"我说过,你随随便便被人杀了,我会不高兴。"

陆昼果然已经换了个司机,你认识这个血族,是极少数能被他信任的助理,正热情地为你们拉开车门。

陆昼平静地上车,翻开公司文件,一手拎起高档香水的纸袋递出车外,他没有正视你,仿佛只是一时兴起:"法国今年的流行款。"

这人为什么总是以打发乞丐的态度对待你?

A 转身就走
跳转19
——134页——

B 出言拒绝
跳转22
——140页——

4

你的双手软软地抵在他的胸膛,眼睁睁地看着他的气息压来,眉眼无限放大。

你们的嘴唇始终保持着几厘米的距离,气息交织,无声缠绵。

仅仅是几厘米,却好似无法攀越的丘壑。

——用情至深的那个人注定是输家。

没由来地,你想起了读者对这部剧原著的评价。

剧组连忙喊停。

你才惊觉有这么多长枪短炮围观着,你居然入了戏,还差点和"军阀"实打实地演吻戏!

清醒清醒,他可是血族。

⟨ 跳转5 ⟩
—099页—

"陆先生,你怎么……"

陆昼已经从你身上挪开视线,淡淡道:"男主角的情感暴发有些突兀,可以加一个缓冲。"

"不愧是陆先生!"

你愣愣地看着男人的侧影,听他冷静地对剧情进行分析。

简直像一场泡影般的梦,做梦时无比真实,梦醒时分却空余惨淡。

整整一下午,秦小姐都没能到场,听说是接了某位导演一通电话后,突然没了音信。

你作为替身演了整整一下午的戏。到底不是专业演员,哪怕只是背影侧影的镜头,也让你紧张得放不开手脚,重来了无数次。

与你演对手戏的陆昼倒是全程平静得很。

剧组人员低低议论着,据说陆先生不喜欢和迟迟过不了戏的人合作,你居然没被冷脸相待,看来他心情不错。

天色渐暗,白天的戏总算拍完。

剧组里不乏陆昼的女粉丝,纷纷买了花束,一脸倾慕地送给陆昼。

你茫然地站在人群外,等着要签名的机会。

见你傻乎乎地站着,陆昼将花束平静地放在一旁,漫不经心地抬起手,掸去西服上的花瓣:"去买一枝玫瑰给我。"

你头顶冒问号,随手抽出一枝花给他。

对方加重语气:"我要你送的。"

这人又玩哪一出?

又听他悠悠开口:"既然有求于我,连一枝玫瑰花都弄不来?"

这个男人,有时候恶劣得简直像个存心捉弄人的少年。

绕了一大圈，你终于找到个卖花的婆婆，干脆把所有的玫瑰都买了下来。

陆昼的车没有开走，他悠悠倚在车门前等你。看着你奔跑的身影，他不知想起什么，唇角勾起一丝看不透的笑意。

你气喘吁吁地跑着，急着把花递给他，整个人却不慎向前一扑，你与玫瑰花一起栽倒在陆昼的胸膛。

陆昼"嗯"了一声，平静地朝你张开双臂。

浓郁的花香扑了你满怀，与深沉的香水味一同钻进你的鼻尖。你连忙退后，看见玫瑰在你们的挤压下碎了大半，多半粘在陆昼的西服上。

"这个……"你想起他之前掸去他人送的花的花瓣的情景，有些难堪，"衣服很贵吧？"

"嗯，最新定制款。"陆昼漫不经心地拿稳玫瑰，一手将签名递过来，"不过你一直都这么笨，不追究了。"

你看清男人的模样，呼吸一窒。

娇艳欲滴的红玫瑰与笔挺的黑西服向来有种默契的美，红与黑极致的反差，更让人感觉受到视觉冲击。他捧着那一抹娇艳的红，身上散发着优雅的气度。他静静注视着你，好似要盛装迎娶他的新娘。

"看在你这么用心去办事的分上，过几天你生日……"陆昼漫不经心地说话。

你的手机却忽然响起，是猎人署的紧急通知：

——一辆载有人类的车辆在高速路上被血族围困，车内女性疑似演员秦婷，请求猎人紧急支援——

就在附近！

"秦婷有危险，"你连忙收起手机，"有什么话，你之后再对我说吧。"

看着你匆匆离去的背影，陆昼沉默了。

助理从车里探头，见自家老板表情不善，有些尴尬："啊……反正过几天才是她生日，再找机会也可以，倒是秦婷小姐那边，听说是被'最后的晚餐'那群疯子盯上了。"

陆昼开门上车，冷冷出声："她傻头傻脑地跑去救人，难道就不怕自己会受伤？"

助理嘿嘿一笑："正因为她是这样的性子，您才喜欢她，不是吗？"

陆昼不说话。

你持枪来到现场，破碎的路灯下响起女人的尖叫。

"怪物啊——"

小轿车被低级血族们围困在半路，剧组人员瑟瑟发抖，看着怪物朝他们狞笑，步步逼近。你沉着地找了个掩体，从包里摸出手枪，探头一瞥，血族正朝着秦婷的车扑去！

A	B
冲出去救人	抛开物品吸引血族的注意力
跳转10	跳转12
—111页—	—112页—

6

童童是在宿舍床缝里找到这本日记的。

歪歪扭扭的笔迹,细细一看,却让你全身战栗,豁然揭开了什么被尘封的秘密:陆昼居然也是那家福利院的孩子,和写日记的小女孩相依为命!

> 3月5日 阴
>
> 今天是我和陆昼哥哥来福利院生活的第一个星期,我还是忍不住会哭,阿姨告诉我,想爸妈的时候就写日记。陆昼哥哥用他的零花钱帮我买了一本笔记本,封皮是很好看的小兔子,我很喜欢。

错杂的记忆再次涌入你的脑海。

"从今天起,你们就住在这里吧,可怜的孩子……"大人们说着话,"听说两个小孩的父母全死在车里了,好像是翻车之后被野兽袭击了,吓人哟……"

少年捂住你的耳朵,冷冷地瞥了一眼长舌的大人们。

"不管他们。"他比你高出一头,眉目稚嫩,眼神却像个大人,能看出日后俊美的模样,"以后我就是你哥哥,他们不管你,我管。在这世上,我就是你最后的亲人!"

听到童童担忧的呼唤声,你才意识到自己走神了:"那……姐姐先帮你拿到签名,这本日记借给姐姐好吗?"

童童点头。

你带着孩子回到福利院,从护工们感激的话语里得知,陆昼每个月都低调地来福利院捐物资。

"陆先生好像和这所福利院有什么渊源……好像从很久以前就开始捐助了,但我们这些打工的不知道。"

陆昼向来身世成谜,是否能由此摸索到那些隐晦的过往的线索?

你离开孤儿院,第一次主动给陆昼发了条短信:"你在哪里?"

对方显示已读,发来一个坐标,是 X 市某座影视城。

陆昼:什么事?

你:有没有空给我签个名?朋友想要。

陆昼:可以。

影视城里有许多适合拍谍战影片的老式建筑。

群演与工作人员人山人海,根本看不见陆昼。你站在人群外踮脚寻找陆昼,不慎和某个剧组人员撞了个正着。

剧组人员上下打量你,劈头盖脸骂道:"你挤什么挤?道具挤坏了你负责?没叫你的戏就安心等着,别冒冒失失进来耽误事儿!"

难道把你当群演了?

你无奈地连连道歉,熙熙攘攘的人群却不知何时安静了下来。在所有人的注视下,男人穿着黑色的旧款西装,抬手整理一下领带,平静地朝你走来。

人群自动为他分开一条路,小声议论着:"陆先生怎么突然不拍了?"

你惊讶回头,正与男人冷漠的目光相撞,短短一段路,他沉稳得好似走在鲜花红毯上,目不斜视地朝你而来。

"过来。"他停在你面前,语气漫不经心又不容置疑,"被人骂,不知道喊我?"

你咳了声:"是我自己不小心……"

"本职工作出了疏忽,被我多说几句就拿她撒气?"陆昼冷漠的目光已落在那人身上,他语气平静,"很不巧,你今天也撞了我的枪口,下午我不想再看见你。"

"会不会有人借题发挥,说你耍大牌?"你有些担心陆昼的事业,"我还是拿了签名赶紧走吧。"

"既然知道已经耽误了我,你不补偿不说,反而还从我手里要东西?"他淡淡开口,"你觉得自己能对我呼之即来,挥之即去?"

怎么刚怼完别人,一转身就开始怼你?

"那你想怎么样?"你嘴角抽抽。

陆昼打量着你,漫不经心吩咐:"秦婷没来之前,你就当女主角的替身吧。"

秦婷?

你记得她是这部剧敲定的女一号,网上关于她耍大牌的负面新闻很多,比如她经常故意迟到以表身份尊贵。

导演组正因女主演缺席,脸色难看。

陆昼面色平静,眼神平和,不知和剧组商量了什么,导演打量了你一眼后居然同意了。

"可我连剧本都没看过……"你睁大了眼,"我哪有演员的颜值……"

陆昼打量你一眼,淡定回答:"我倒是觉得你比她顺眼一点。"

你被热情的化妆师拉走。

"没事没事,都是侧影和背影戏,至于台词我们会另外配音。"

你稀里糊涂地被按在化妆间,稀里糊涂地接过剧本。陆昼扮演的是被女主误会连连、一心付出却被伤害的美强惨男主,在这场戏里女主角要离开，被男主角拦在半路，男女主角误会加深，再见已是经年。

刚刚勉强记下台词，你就被匆匆拉去了片场。

远远看见陆昼坐在人群里，微微垂目，专注地看着剧本，时而皱眉，时而放松，似乎正在找状态。他侧脸俊美又出众，熙攘奔忙的人群如洪流，而他就是稳稳盘踞在浪潮中的黑石。

见你们过来，他放下剧本，平静起身朝你走来，步伐从容而稳重。

你看得有些发愣。

明知道那些角色都不过是编织的美好泡影，是只存在于电影里的幻想。可你看着他，看他好似披了一身久经沙场的硝烟味，看他漫不经心地朝你走来，你还是好似一刹回到那个动荡年代，你就是流落于民间却从不低头的夜莺，而他是误将囚禁错视为爱、高高在上的军阀。

"Action——"

群演们开始在街道上疾步往来，装作闹市模样。

你按着剧本上的动作，开始匆匆跑起来，时不时仓皇回头，直到闪入一处无人的青石巷，才敢松口气。

身后响起男人低低的笑和几分自嘲："你就这么不愿见我？"

你警惕回身，男人身上熟悉的香水味在鼻尖萦绕，他忽然抬起右手，牢牢抵在你身后的墙上，俯身过来，注视着你，你们之间的距离缓缓拉近："如果我不放你走呢？安心当我的人，我保证你永远不会受伤。"

你抬起头，望着他如夜般深沉的眼睛，嗅着他衣服上淡淡的香水与烟草味，交织缠绵成一种致命的蛊惑。

"督军，不是每个女人都对你爱得死去活来，不是每一只夜莺都愿意在你的笼子里唱歌。"你不拒反迎，几乎要与他鼻尖相抵。

你的回答倒让他感到意外，轻轻笑起来："哪怕这只夜莺飞出笼，就会被危险的枪射死？为我唱歌有什么不好，嗯？"

你嘲讽地笑："督军饱读诗书，应该知道有一句话叫'不自由，毋宁死'，我很喜欢这句话，督军呢？"

男人沉默着。

"如果督军真的爱我，就请成全我吧，世上鸟儿千万，多少红颜在侧，督军若想要还不是一念间的事？"

你巧妙地低身，从他臂弯下钻过去，却忽然被他拉住手："那你可听过弱水三千，只取一瓢？"

接下来应该是女主暴发了。

"很可惜，督军现在连一瓢水的心也留不住。"你恨恨道，"你我之间只是囚笼与宠物的关系，从不存在什么爱情！督军这些年为谁做事，做了什么，我可是看得一清二楚！"

陆昼拥抱你的动作一僵。

你冷冷地抬起头："世人皆畏惧督军，只有我唾弃督军，哪怕你我之间有什么昔日旧情谊，终究是过去了，还请督军忘了吧，就当是前尘往事。"

演着演着，你竟忘了这是演戏，人物的处境与你太相似。三年间被他呼来喝去的屈辱，明知他是血族却无可奈何的不甘，每一次被他伤害的痛苦……让你怒中含泪。

陆昼望着你，愣了一下。

他僵在原地，就连被你一把推开，也只是站着不动，向来沉静从容的黑眸渐渐暗淡，他好似溺水的人，越陷越深，无人来救。

他在你眼里一向成熟稳重，此时竟像个被遗弃的少年，张了张嘴，手却仍颤抖着。

……不愧是影帝。

你抹了把眼泪,毅然转身,等待着军阀带着沉沉怒意的那一句"好,以后别哭着来找我",走出几步却没听到。

剧组人员满脸困惑,疯狂地朝陆昼使眼色。

你的手腕忽然被男人紧紧拽住,往回一带,顺势又拽入他怀中。他的动作猛烈而强势,再将你堵在墙角,低低道:"你又何尝不是我的囚笼。"

你惊讶睁大眼,剧本里没有这一段!

怎么回事?

"你说我不懂爱?我不懂爱,为什么这些年从未对你凶过一句?不懂爱,为什么纵容你当那只逃出笼的夜莺,任由你去飞翔?"

你怔怔抬头,不知该如何是好。

眼前光线微暗,陆昼俯身吻了下来。

A 推开 跳转7 —108页—

B 不推开 跳转4 —098页—

你几乎要沉浸在他幽深的双眸中,却在下一刻猛然清醒,决绝地推开他。

男人动作微顿,好似也刚从长梦中惊醒。

他自嘲一笑,无声后退两步,再挪开视线,神情已恢复漠然,从戏里抽身而退。

剧组人员正匆匆跑过来。

跳转5
—099页—

8

开？不开？

开？三年来心心念念的东西唾手可得，可外面这么多血族，你插翅难飞。

同归于尽的念头一闪而过，随后立刻被你抛之脑后。如果这是陆昼的激将法，你最不应该上钩。

双手已被冷汗浸透，短短几秒的僵持，静得能听见你紧张的呼吸声。

陆昼的黑眸如暗灭的星海，却带着丝丝笑意，倒真像是一个等待死亡许久的人，你几乎要被他眼中罕见的疲态蛊惑，下一瞬立刻清醒。

你终于垂下枪："还是会有这么一天的，但不是现在，我的实力还不够。"

"而且，"你冷冷拆下弹匣，"枪里只有六发子弹，早就空了，恐怕今天按下扳机，要办葬礼的就是我了吧。"

"如果你真按下去，倒也不一定。"陆昼扯了扯唇角，漫不经心道。他那上一瞬的疲态已烟消云散，依旧深沉不可侵，"我原以为你纠结的无非是开与不开，没想到你比我想象得聪明许多，不错。"

跳转3
—097页—

9

少年与小女孩的故事，读着让你心中阵阵发痛，仿佛你成了那个小女孩，单薄的少年牵着你，坚毅地为你撑起另一片天地。

少年应该就是你认识的陆昼了。

可是他为什么会变成今天这样？小女孩去了哪里？

脑海里一个大胆的想法渐渐清晰，假如你能找到那位小女孩的下落，一定也能了解到陆昼的往事。

太多太多疑点让人头痛，深夜你颓然躺在床上，心不在焉地翻着手机，忽然想起那天陆昼给你介绍过的电台。

《初级血猎教程》

开播时间：每周三22：00

主持人：匿名

期数：第一期

奇怪，居然是第一期？那陆昼是怎么知道这个地址的？

你好奇地戴上耳机，闭眼静静聆听着。

主持人清了清嗓子，慢慢开口，嗓音像陈酿的葡萄酒，沉着而神秘，虽然不是标准的播音腔，却是让人耳朵酥酥麻麻的磁性声线。

你想起一张非常符合这声线的脸来，英俊而深沉，越想越像陆昼。

难道……

你用力拍拍脸，打消这个荒唐的念头。

不过感觉这人讲解得有点太中规中矩了。

你玩心大起，要不要给他提个意见呢？

A		B
放弃		提意见
跳转13		跳转14
—118页—		—123页—

⑩

"小心!"

你持枪冲出去,却被后面伺机偷袭的血族重重扑倒在地。在女人的尖叫声里,你缓缓闭上了眼睛。

END

冲 动

跳转回5

—101页—

⑪

说实话,你对陆昼的过往没什么兴趣,还不如给你一本他的弱点大全。

你揉揉孩子的头,温柔地安抚了委屈的童童,将他送回福利院。

看着童童委屈的表情,你总感觉有些后悔。

跳转回28

—158页—

12

你翻翻包，拿出一面小镜子掷在血族们的脚下，顿时吸引了众多怪物的注意。

得趁机求援才行。

秦婷如同抓住救命稻草："你快来救我啊！别愣着！"

你："……"

所有血族都朝着你的方向跑来！

你猛地后撤几步，开枪击中几只血族。然而双方数量差距实在太过悬殊，还有血族企图绕到你背后偷袭。

你不过是在孤军奋战。

子弹很快打空，你心中暗呼不妙，正要撤退，却不慎被血族抓住了脚腕，重重摔倒在地，连枪都摔了出去。在女人的尖叫声里，你从包里翻出银制匕首，狠狠刺穿了血族的手腕，趁机脱身。

几辆熟悉的轿车在四面急停。

是敌是友？

你警惕地抬起匕首。

车内走出许多杀气腾腾的高级血族，震慑得怪物们连连退后，你认得他们——是陆昼的心腹。

正发愣间，有一只血族朝你冲了过来，随后在枪响后栽倒。

车窗后伸出的那只持枪的手，戴着腕表，修长有力。

男人从容地从车上下来："居然撑了这么久，不错。"

"多谢夸奖。"你边战边往他的方向撤离，却被几只血族围住。

陆昼将自己的手枪朝你抛来，趁着空当，有只血族敏捷地朝他袭去。

你下意识喊了声"不妙"，却见那血族应声倒下，当胸被斩成两半。

"你在提醒我小心？"陆昼一甩刀锋上的血珠。他居然从车上拽了把唐刀出来，长长的刀刃一旋，收刀入鞘。

修长的冷刃与男人危险的西装侧影结合，莫名浑然天成。

他的额角溅上敌人的血，可他就这么朝你优雅走来，好似戴了勋章般的高傲，薄唇扬起笑意，微微倾身："这么担心我，就替我擦擦血？"

"想得美，"你目光飘忽，一瞥四周，指着侧边，"那边有……"

陆昼望着你，漫不经心地抬手，助理立刻默契十足地将自己的枪抛过来，被他稳稳接住，漠然朝侧旁一瞥，一枪击毙朝你袭来的血族。

"碍事的死了。"四周尽是枪声，他却丝毫不放在心上，眉目间波澜不惊，"夸你不代表认可你，咱们来讨论一下，我要是不来，你死得会有多惨？"

你："……"

明知他是在帮你，为何这么让人火大？

秦婷被吓坏了，白裙飘飘，惊魂甫定地跑过来，扑入陆昼怀里，伸手勾住他的脖子。

陆昼一时没躲开，直直被秦婷撞上。他眼神泛冷似乎要说话，又被秦婷拿着纸巾打断："啊！陆先生你受伤了？我给你擦擦……"

你正要拿纸巾的念头收了收，尴尬地咳了声："你现在是大明星，跟我闹出什么绯闻就不好了，我先走了，再见。"

你转身朝远处走开。

身后传来陆昼低沉的嗓音："和我轰轰烈烈闹一场绯闻，就这么让你害怕？"

语气莫名让你想起戏里的军阀，你微微一顿，捏紧了口袋里的纸巾，放轻声音："理智告诉我，斯德哥尔摩综合征并不美好。"

纸巾已被捏得几乎破碎，你努力回想男人肆无忌惮伤害你时的样子，有意将心冷下了几分。

他目送你像往常那般离去。

男人闭上眼，慢慢呼出一口气，好似深沉的叹息。

秦婷从未见过此时的陆先生，记忆里他总是严厉的、游刃有余的、看不透的，并且从来不缺想要敲开他冰冷心门的女人——她也是其中一个。

几乎没人能抵抗英雄救美的情节，而他居然还有不为人知的身份，秦婷越看越喜欢。

见他闭上眼，秦婷不禁心中暗喜，试探着亲了过去。

男人的薄唇近在眼前。

他再睁眼盯着她，眸底隐有冷意："你让我损失了一个珍贵的机会，要怎么赔偿？"

机会？

秦婷错愕中正要说话，陆昼却已冷冷丢下句"你该庆幸我不对女人动手"，转身离去，助理连忙替他拉开车门。

他在车门前脚步微顿。

在秦婷复燃希望时，陆昼话语如冷水，彻彻底底浇在她头上。

"你迟到了三次，这次的戏，我会通知剧组另外挑人选。"

心情莫名不好。

你去蛋糕店为童童挑了个大蛋糕，刚想打车去福利院，漆黑的轿车又徐徐停在你前面。车窗缓缓下降，果然是陆昼那张漠然的脸。

"上车。"

陆昼坐在后座,面前放着一封公司文件,似乎正认真审阅着。你坐在他身旁,或许是心理作用,居然隐约能闻到秦婷的香水味,心情莫名更糟糕了几分:"骂我没骂够,特意跟过来继续骂?"

"我和秦婷没有关系,"陆昼似乎感到好笑,终于抬起视线,"除了那件事,我什么时候真正对你不好过?"

好像的确没骂你太狠过,最多是淡淡嘲讽几句,更何况他还来保护了你。

可问题是,怎么这么巧,你刚到事发地点不久,他就紧接着跟来了?

"能在我身上装GPS的人……"你毫不畏惧地和他对视,学他往车后座一靠,笑吟吟地注视他,"你说呢?你这样,和你演的变态反派有什么区别?担心我难道就是你乱来的理由?"

陆昼"啪"的一声合上文件,把你吓了一跳。

男人的身影沉沉罩过来,他眉宇冷漠,黑眸泛起危险的猩红,动作猛烈不容抗拒,将你压倒在车座。

他的力道太重,脖颈痛感传来,你忍不住"嘶"地吸一口凉气:"你生什么气!"

"让你见识一下真正的危险。"他慢慢退开,猩红的双眸居高临下一扫,语气冷厉,"愚蠢,稍微给你点自信,你就觉得自己能飞远了?"

你皱眉与他对视:"总比没有勇气翻盘的懦夫强。"

他微微凑近,迫使你下巴一抬:"盲目自信,到时候你连怎么死的都不知道。"

你朝他冷笑:"你这是对私有物的占有欲,还是错以为我是你的夜莺?"

半晌。

男人动作微顿,直直地盯着你,再没有刚才那般强势的动作,反而有些失魂落魄。

他张了张嘴,却没有说出话来。

你推开车门,快步离开。

回头一看,他倚在车门抽烟。

白烟无声弥漫,使他的侧脸在夜色下有些模糊,像隔着云端,你隐约窥见了一丝疲态。他罕见地脱了西服外套,衬衣领带一丝不苟,神情孤独,微微仰面,呼出一缕烟。

你及时赶到童童的宿舍,在小朋友们艳羡的目光里为他插上生日蜡烛,并把签名给他。童童欢呼一声,跑跳着去转送给一个小女孩:"看,我说到做到!"

真是人小鬼大。

没想到小姑娘不买账:"小乌鸦嘴,不要你的东西!"

童童的笑容瞬间凝固,你见势不妙,连忙喊小朋友们过来吃蛋糕,却没人过来。

难道童童是个被孤立的孩子?

因为小朋友们的孤立,童童在生日会上十分难过,你使出全力才勉强让他笑了下。

他拉你坐在宿舍床上,偷偷跟你讲:"他们叫我乌鸦嘴,是因为我总是把梦里的东西画下来……我总是梦到不好的事情。"

你看着这些蜡笔画,一张比一张吓人。

高速路上小汽车连环撞在一起。

森林里涂着疯狂的红色,远方有个蘑菇圆顶的建筑爆炸了,黄黄粉粉的浓烟散播到这片区域,人们痛苦地倒下。

……

越看越心惊。

"童童,这些真的是你梦到的?"

"是呀,"童童天真地抬头,随即有些难过,"但阿姨也说不吉利……"

你尽力安慰孩子几句,借走了写有陆昼秘密的日记本。

小女孩的笔记凌乱,你不得不用钢笔重新书写了一遍。

| 获得道具T页 |

—284页—

⑬

关掉电台,你忽然有点想笑,自己什么时候也这么有玩心了?

当务之急是读完这本日记里的内容。你强迫自己从电台的知识里收心,认真翻阅起这本日记,却总觉得主持人低沉磁性的嗓音在脑海里回旋。

你又拍拍脸,过了好久才集中注意力,抓住重点。

——日记本里写的血猎"陈叔叔",作为当年救下两个孩子的猎人,如今他应该知道女孩身在何处!

猎人档案

姓名:陈越明

代号:Judas(犹大)

等级:A

明面身份:制片人

能力:D级转移

状态:隐退

超能力者可隔空将任何元素转移,范围在一米。已知的可转移的元素包括各种化学物质、实体、人体内病毒。

好厉害的超能力。

转移分为S-D级,S级以上为最高级超能力者,D级超能力者只能转移病毒,并且需要身体接触,通过吸取对方体液的方式将病毒转移到自己体内。

比如说,A得了癌症,B就需要吸取A的体液才能转移病毒,这是自杀式的转移？

真有人愿意这样牺牲自我吗？

你通过各种私信渠道联络陈越明，可惜对方连读都没有读。粉丝上百万的大制片人，当然不会对你一个小用户上心。更何况电影节快要开始了，陈越明一定在专心筹备相关事宜。

难道要在走红毯的时候接近他吗？你倒是想起往年的新闻，每年都有网红凭票混入电影节蹭红毯，可一张票就能花光你全部的积蓄了⋯⋯

眼看隔天就是活动举办日，你咬咬牙，还是找渠道弄了一张入场券。

颁奖当天。

中外记者或站或蹲，专心将"长枪短炮"对准了业界知名人士，好在没多少人留意到你。你深深低着头，提着长裙走在刺眼的闪光灯里，努力寻找陈越明的踪影。

见你东张西望，安保人员走过来礼貌地说："小姐，麻烦您往前走一下。"

记者们齐刷刷一转镜头，蜂拥而去，将镜头对准你身后走来的大明星，气氛狂热。

"啊⋯⋯抱歉。"不能挡着人家的路，你连忙要向前走，却隔着人群清晰听见男人的声音："既然来了，跑什么？"

你怔怔回头。

纵然隔着千万身影，陆昼永远是人群里最耀眼的那个人。

他今天换了一身漆黑盛装，漫不经心地在耀眼的闪光灯里款款走来，气息优雅得如同最贵重的丝绸，丝绸里却藏着锋利的刀，他只匆匆一眼，骤然产生的压迫,让所有明星黯然失色。

他朝你走来,眼里微微含着优雅的笑意。

——在人前时,他永远是这么优雅又从容不迫,可唯独你见过他失控可憎的模样。

你沉默挪开目光,正要退开,却被男人动作自然地一挽,好似漫不经心地挽起最亲密的女伴,对保安淡淡开口:"她是我的人,比我先来一步。"

保安连忙点头退开。

你只好装作优雅,昂首微笑,和他并肩款款走在红毯上。

偶尔朝他瞥去,见他也微笑瞥来。

眼神无声交织碰撞,擦出锋利的火花,你们三年来也算颇有默契,一切尽在不言中。

你在找什么人?

用不着你管。

我偏要管。

……那你随意。

你瞥见那个和资料上相貌相同的中年人,风度翩翩,容貌不俗。

是陈越明!

朝陆昼笑了笑,你不动声色地抽走胳膊,提裙快步朝陈越明走去。

陆昼无声地皱了下眉,碍于颁奖仪式就要开始,他整理下领带,很快恢复从容,迈步朝台上走去。

"陈导演!"

你匆匆唤出声。

突然听见有人喊自己,陈越明不悦地回头,看清你的样子,却又忽然眼前一亮:"嗯?我是不是在哪见过你?"

你摇摇头:"我想找您打听福利院两个小孩的事……"

你将日记里的内容对他讲起,并问起日记主人如今的下落。陈越明脸上露出认真思索之色:"哎呀,这可有一段日子了,毕竟我现在也不当猎人了……我想想。"

你期待地看着他。

"我现在有急事要离开一下,不然……"陈越明无奈地笑了笑,"小姐,你先到我府上小坐?我家里应该有当年的照片。"

哪有直接邀请女生回家的?

算了,为了真相,还是去一趟吧。

颁奖仪式结束后。

助理百无聊赖地等在车里,忽然瞧见自家老板提前走出会场,环顾四周,助理不禁惊讶:"老板,怎么了?"

"她去哪了?"

"啊,我看见小姐和陈越明上车了,不是您安排的吗?"

陆昼打开车门,坐在后座,语气泛冷:"敢在我眼皮底下抢人,有意思。"

陈越明的别墅比你想象中更远,到场的时候,你发现这里正在举行一场名流晚宴。

男男女女齐刷刷地望过来,眼神喜悦,热情地朝你们围过来。

陈越明朝你点头致敬:"这是我们今天的新朋友。"

你礼貌笑着,感觉哪里不对劲。

"陈导演，我过会儿还有事，你看咱们能早点聊吗？"

"当然能，速战速决。"陈越明微微笑着，忽然拉起你的手，一直将你拉到大厅中央，在音乐声中带你跳舞，"小姐，可不是每个人都能受邀来这里。"

你不动声色地抽回手，又朝他笑了笑："陈导演，我不想跳舞。"

"啊……真可惜。"

陈越明的笑容愈发灿烂："那咱们只好快些开始正事了。"

你预感不妙。

A 摸枪
跳转15
—124页—

B 问情况
跳转18
—134页—

14

你想了想,在空荡荡的评论区留下第一条评论。

主播先生的声音好好听啊,简直是听觉享受!教授的知识也非常实用,总之非常感谢。私心提一个小小的建议,不要浪费这么好听的声音,如果有主播念诗的环节就更令人期待啦。

在你看不到的屏幕外。
男人露出似有所思的表情,无声勾唇。

(扫描二维码,收听陆昼读诗节选)

跳转13
——118页——

15

他拍拍手,大厅落地窗帘猝然被人拉上,灯全部熄灭!

一片漆黑中,周围亮起猩红的幽光,如同无数噬人的蝙蝠——原来这里的客人全是血族!

有人影接近你,你迅速从裙下抽出手枪。

砰——

漆黑里亮起子弹出膛的明火,那人应声倒地。

其他人没料到你会这么果断,不禁色变,后退了一步,低低议论着:"她是猎人……"

"原来如此……"陈越明轻轻鼓掌,"很敏锐的直觉,小姐。"

"多谢。"你朝他抬枪,嘲讽一笑,"有哪个正经导演会二话不说领陌生女人回家?"

一切发生得太快,你瞬间做出了决断。导演,诱拐女性……竟与那条最新颁布的任务特征相同!

本想调查陆昼的过往,没想到却捞出了一条大鱼的暗线。

你偷偷按下猎人署的紧急求救信号。

不在此时一网打尽,以后还会有更多受害者!

"在神圣的毒气被释放之前,"陈越明淡淡道,"在这座城市被毁灭之前,你就为自己成为祭品感到荣幸吧。"

血族们发出狰狞的笑声,齐齐朝你扑来!

——你已经给猎人署发了坐标,接下来要做的就是拖延时间了。

你在黑暗里连连躲闪,免不得被磕碰擦伤,闷哼几声,你很快嗅见了自己的血腥味,伤口剧痛。你朝黑暗里胡乱开了几枪,也不知击中了几只血族,随后你匆匆朝楼上跑去。

有人扯住了你的长裙，你重重摔在台阶上，毫不犹豫地回身将长裙扯掉一半，踹开血族，继续向楼上跑。

陈越明在黑暗里打个响指，他身边的象牙椅突然直直朝你撞过来，重重撞在你的后背。

你后背剧痛，再次踉跄倒地，咳个不停。

哗啦——

锐利的扫射声突然将玻璃震得粉碎，暗红的窗帘变得千疮百孔，徐徐落下。

刺眼的天光照来。

你在错愕中回头，看见众多闯入别墅的高级血族与"最后的晚宴"组织激烈火拼，大厅瞬间变成交火的战场。

最后缓缓步入战场的男人，他自光里走来，身材笔挺修长，如同前来赴宴的贵客。

陆昼……

你的视线渐渐模糊，后背剧痛，动弹不得。

陆昼冷冷环顾四周，眼神锋利如刀，先在陈越明身上定格一瞬，随即落在你身上。他正要朝你走过来，一架沉重的钢琴突然朝他砸去。

陆昼向后退开几步。

"你背叛了人类。"他漠然开口，"Judas，真是对得起自己的代号。"

陈越明低低地笑："你不也是？"

有高级血族朝他偷袭，陈越明冷冷一抬手，那血族立刻僵在原地，露出痛苦的表情，瞳孔里的血红色迅速褪去，恢复成人类的黑瞳，踉跄倒地，再无声息。

能剥夺他人体内的血族病毒并且致死,这不是 D 级转移的能力……是 S 级!

"我的家人,我女儿……都死了!我努力守护人类,人类呢?人类混混把她们打死了!"陈越明歇斯底里,"陆昼,你不是也一无所有?为什么不加入我?"

"谁说我一无所有?"陆昼唇边扬起嘲讽的笑意,"我的东西,这不是正打算来取?"

破碎的天窗又被许多人影踢开,他们手持闪闪发光的银手枪加入战斗。

混战中的血族们大惊失色:"是猎人!"

"走,"陆昼皱了皱眉,果断下令,"撤退。"

你迷迷糊糊间被男人稳稳抱起,脸侧贴在他西服衣料上,嗅见深沉的香水味。三年来的阴影涌上心头,你难受地哼了声,下意识推他。

"别动,你留在这儿会被误伤。"男人沉沉道,"想对我生气,脱险以后再让你尽情生气,好吗?"

◆

香水……

年幼的你满面泪水地缩在床上,手里紧紧攥着自己调配的"香水",想起少年严厉的面容,不禁更加委屈。

吱呀——

是少年推门进来,你气鼓鼓地不理他。

"别生气了,是我不对。"他无奈地揉揉你的头,坐在你旁边,"看我给你带了什么?"

你气鼓鼓地转过头,忽然睁大了眼,惊喜出声:"香水!"

但劣质的气味呛得你直打喷嚏。

见你还是如获至宝的模样，少年眼里划过一丝悲伤："对不起，以后……哥哥一定给你买最贵的那种，独一无二的那种。"

浓郁的血腥味传来。

交火声已经远去，你发现自己靠在陆昼的车后座，助理正在飙车："老板，小姐，你们都撑住啊！"

男人沉沉的喘息声在身旁响起，陆昼疲惫地闭着眼，无意间将头靠在你的肩膀上。

鲜血无声顺着他的腹部流下，染红了一大片衣料。

"陆昼？！"你惊讶出声。

男人闷闷地"唔"了声，眼皮颤了颤，却没睁开。

——你想起来了，在混战中有人误把你当成血族，是陆昼冲过来替你挡了一枪。他忍着伤，抱着你，错过了最佳离开时机，被血猎们追了几条街才甩开。

他英俊的脸庞泛白，薄唇失去血色，俨然是失血过多的模样，碎玻璃与弹片割破了他笔挺的西服，深深嵌在他的血肉里。察觉到你震惊的目光，他下意识挪了挪脸，不愿让你看到他虚弱的样子。

"陆昼……"你发现自己声音颤抖，丝丝痛意，勒紧心脏。

奇怪。明明你恨他，怨他，想当第一个将银子弹射穿他心脏的人。

你以为这不过是上位者圈养宠物的独特习惯，项圈的线再长，一端也始终被他牢牢捏着。

可是……

他这样独裁的上位者，会为了区区一个人类去愤怒，去受伤吗？会独独从法国给你带礼物吗？

记忆里时不时涌现的画面,究竟是日记里那个小女孩的,还是你的?

你颤抖着凑近男人,伸手探了探他的鼻息,气若游丝。

"小姐!"助理叫出声,"离现在的老板远点,他现在……"

话音未落,陆昼忽然睁开猩红的双眸,紧紧握住你的双臂,将你狠狠钳制在车座上。那双狰狞的红眸无比接近,男人的气息笼罩过来……

"老板,清醒一点!"助理高喊,车开得歪歪扭扭。

身上传来剧痛,这一次他的动作凶猛而霸道,全然是血族发狂的样子。

恐惧在你眼里无限放大,在他的禁锢下你的手竟抓到了遗落在车座上的银制匕首。

A 刺下 跳转27 155页

B 放弃 跳转16 129页

16

匕首在你手中紧握,悄然松开,"当啷"滑落。

"没关系,"你慢慢闭上眼,没想到自己会说出这句话,"赔你一条命……"

男人炽热的气息急促地拂过你的颈处皮肤,又缓缓转为平和,他埋头在你的乱发间,手臂却不自觉地紧紧环住了你的腰身,肩膀微微颤抖,像是呜咽之中的紧紧相拥。

体内的血液缓缓流失,你的神智渐渐恍惚。

隐约听见陆昼唤你的名字,摇晃你的肩膀。

你无力做出反应。

他小心地将你放倒在车座,重重给了自己一巴掌。

助理大惊,听见陆昼压低声线的颤音:"去医院!"

跳转20

—135页—

"留下吧。"你轻轻拽住他的袖口,"我又不是铁石心肠,怎么可能彻底对你……没有好感?"

你重伤初愈,力道形同于无,陆昼却立刻停下了脚步。

他顿了顿,微笑转过身,拿起文件继续陪护你:"恭敬不如从命。"

"明明是你转身的速度太慢,故意等我伸手的。"

"对了,今天是周三,十点了。"你拿出手机,想打开电台来听。

陆昼动作微顿,忽然"啪"一声合上文件,在你疑惑的目光里平静起身:"公司还有事,我先走了。"

他抬手整理一下领带,在你的目送下走出病房。

今天的主持人似乎来晚了些,先简单地道了个歉,然后才开始播音。

他今天的气息好像有点急促?你有些疑惑,是刚跑过步吗?

医院门口,助理惊讶地看着自家老板快步跑下来,坐在车里,调整一下微乱的气息,对着手机压低嗓音,开始讲话。

"抱歉,我来迟了。"

主持人视角显示听众数量:1。

他精心加密的地址,只有她一人能点开。

你本就伤得不重,加上陆昼隔三岔五派人来送补品,不出一段日子,你就能脱下病号服回家了。

陆昼出差去了,你不用再提心吊胆看短信,居然有种空落落的感觉。

你懒洋洋地窝在沙发里,打开电视,切换频道。

"我市四环发生连环车祸,死伤人数统计中……"

"陆先生的飞机于昨日抵达首都……"

手机忽然响起,是你给陆昼设置的特殊音乐,你心中一跳,连忙抓起手机,忽然有点想笑。

——本来是为了警惕陆昼来找你才设置的,如今居然让你迫不及待接起。

"两分钟,下楼。"陆昼平淡的嗓音,"今天是你的生日,我猜你一定忘了。"

今天是我生日?!

抓了件外套跑下楼,你看见熟悉的黑轿车停在小区门口,车门被推开,助理正热情地朝你招手。

"老板说你走红毯的裙子太穷酸了,出差之前特意转了一下午,给你选了不少礼物呢,我这就给你搬上去。"

等等,搬上去?

你目瞪口呆地看着他拎出好几个沉重的行李箱,回到家一打开,足足五十套昂贵的礼服晃得你眼花缭乱,包括高跟鞋和项链。

送走助理,看着满地衣服,你一阵眩晕,偷偷瞟一眼价签,又一阵眩晕。

你心惊胆战地翻了翻,选了套比较喜欢的外套,穿上对着镜子照照,一张信用卡掉了出来。

你颤巍巍地给陆昼打电话:"喂?你把信用卡落在我这儿了……"

陆昼发出一声嘲讽的笑:"以你的眼光,果然会挑最朴素的衣服,我没放错。"

你:"……"

"给你个寿星的特殊权利,在我出差回来之前,里面的额度你随便刷，密码是你的生日，签我的名字。"他淡淡道。

这句话却倏忽将你从眩晕中惊醒。

"我……"你认真开口，"我不能接受，至于这件衣服该付的钱，我会转交给你的助理。比起这些，我更希望你能教我更多猎人的知识。"

那边沉默了一会儿，男人慢条斯理笑了声："倔得像只兔子。"

你很快联系了助理，提出为裙子付款。

助理吓白了脸"不行不行！我这儿有老板别墅的门卡，不然你……你自己去送？"

他开车载你到了陆昼家。

这还是你第一次来到这个男人的家，别墅神秘的面纱被揭开，原以为会有奢华的装潢，不料却是冷淡的简洁风。你好奇地走过客厅，发现这里连外人生活过的痕迹都没有，他就是这样一个人生活的吗？

推开某个房间门，只有这里勉强有些温暖的气息，看来是男人休息的卧室。

你犹豫了下，还是鬼使神差地走了进去，在床头花瓶里发现一束干枯的红玫瑰，残缺了许多花瓣，已呈干涸的黑色，却仍被他精心摆在床头。

这是……你当时送他的花束？

继续转悠着，你忽然在酒架上发现了一个相框，相框里是黑衣少年与小女孩的合影，眉目像极了你们。你伸手拿了一下，没拿动，墙壁却轰隆隆震动。

你连忙退后，发现里面居然是一处密室！

简陋的石头密室，墙面血迹斑斑，腥味浓重，好似曾有人极其痛苦地挣扎过。

你只感到震撼，却并不恐惧，这里恐怕就是初期他病毒发作的时候，每天都要待很久的地方。他就是在这里，用自虐般的方法锻炼出阻止自己袭击人的意志力。

可在孤儿院时，少年彻夜难眠，极度害怕黑色的东西。
他总是在睡梦中惊出一身冷汗，颤抖着独自撑到天亮。

许多真相豁然揭开，你沉默了很久，悄悄看过，悄悄放回，就当是从未碰触过这些秘密。

A 回忆 跳转21 ——138页——

B 不再回忆 跳转24 ——145页——

⑱

你正要问这里是怎么回事,忽然被人重重击中。在所有客人的狞笑声里,你只觉天旋地转,倒了下去。

最后一眼,无数猩红的眼睛朝你逼近。

END.

警惕缺失

跳转回15

—122页—

⑲

你有些恼火,转身要走:"陆总自己留着用吧。"

"这是女式香水。"陆昼沉默半秒,终于看你一眼,"你一直很想要。"

"我可不记得。"你叫了辆出租车,径自回家。

你走后,陆昼"啪"地合上文件,在车上静静端坐良久。

他终于拨通电话:"下次不要再劝我送东西。"

"可是是您自己在专柜转来转去……"对方嘟囔,"首先,直视她的眼睛,您有照做吗?"

片刻沉默后:"没有。"

"这可是您为她费心选的定制款,您说清楚了吗?"

又片刻沉默:"没有。"

"您是真不懂女人心还是故意……"唠叨的助理没嚷完,被他平静地挂断。

男人向后靠坐,这才侧头望向她毅然离去的方向,发出一声叹息。

跳转28　—156页—

20

你缓缓睁眼,眼前是洁白刺目的病房。

第一眼看到的是门口的陆昼,在病房里过于耀眼,一会儿来了个小护士,羞红了脸:"陆先生让一让……"

陆昼不动声色地退到墙边。

一会儿又来了个小护士:"陆先生可不可以签个名?"

陆昼低头签名。

还有许多小护士偷偷顺着门缝瞧:"他才刚取出弹片呢,就赶紧来找三号房的病人了……""好羡慕,我也想中弹……"

你津津有味地看着,不料陆昼一转头,发现你醒了。

他皱了皱眉,几乎下意识就要说出一句责备你的话。看着你茫然的眼神,陆昼慢慢叹了口气:"他哪里比我好?嗯?"

你一头雾水:"谁?"

"那个陈越明,"陆昼顿了顿,低声道,"对谁有好感是你的自由,我无权涉足,但那个人不能比我差。"

他一个人生什么闷气呢?难道真的误以为你喜欢人家?

你有点哭笑不得:"我只是套话而已。你觉得我男朋友该是什么样的人?"

陆昼沉默了下,看起来忽然心情变好的样子。

"你?"他淡淡扫了你一眼,"起码要有经济基础,实力强大,枪法一流,性格稳重,最好衣品也……"

你听着嘴角抽搐,这不就是总裁大人你吗?

小护士端来病号饭,你肚子饿得咕噜噜乱叫,想吃饭却胳膊疼,举不起勺子。

　　陆昼坐在床边,平静地盛了一勺饭凑到你唇边。外人喂饭多少有冷热偏差,他却连你的喜好都清清楚楚,丝毫不差。

　　"你怎么知道的?"你问。

　　"我有什么不知道的?"他淡淡反问,"倒是你一连睡了三天,真是懒虫。"

　　"懒虫也是拜你所赐。"你反唇相讥。

　　本以为他会继续和你斗嘴,没想到陆昼只是垂了垂目,"嗯"了声:"想让我怎么补偿你?"

　　你懒洋洋打哈欠:"我让你以后别再伤害我,怎么样?"

　　"好。"他的语气似乎毫无波澜,内容却激起了惊涛骇浪。

　　你错愕地看着他,不太相信自己听到的话。

　　"如果你真的死在我手上,我无法原谅自己。"陆昼沉沉开口,"这样就够了。"

　　"无法原谅我擅自死了?"

　　"不,"陆昼顿了顿,缓缓出声,"无法原谅怪物一样的自己。"

　　你没说话,他也沉默。

　　"对了,宴会那群人呢?怎么样了?"你咳了声。

　　"抓住了小部分,大部分在混乱里跑了,我听说你是头功。"陆昼已从短暂的情绪中恢复如常,似有所思,"不错,你比我想象的要聪明得多。"

　　——秦婷遇袭前,陈越明是上次和她合作过的导演。

　　陈越明早就倒戈了。

　　你笑着仰起头:"我一下就想通了,聪明吧?"

"嗯，我以为你远远没有那么聪明。"陆昼淡淡回答，"我以为你是喜欢上陈越明了，还在想你眼光真差。"

你："……"

从未想过，有朝一日你也能和陆昼这样平和地共处。

陆昼静静地拿起公司文件看着，就像每一次他见你时那样，好似每次都是漫不经心的。

不过，他把文件拿倒了。

窗外夜色渐暗，病房安静下来。

似乎结束了内心的斗争，他终于平静地起身："如果你不愿再看见我，我也理解。"

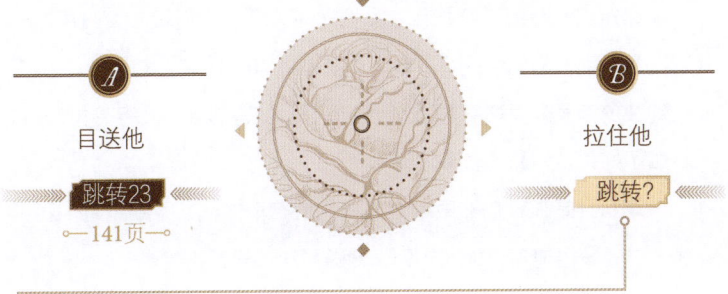

A 目送他
跳转23
—141页—

B 拉住他
跳转？

提示：命运之轮会帮助你找到真相。

21

两家父母带着你和陆昼开车郊游。

大人们讨论着听不懂的事,你好奇地拉拉少年:"他们在说什么?"

"你不懂。"少年一副老成的淡漠样子,唯独看你,眼神柔和,"等你长大就懂了。"

隔壁家的哥哥什么事都说你不懂。

你不太高兴地嘟起嘴,趴在车窗旁看沿路的风景,很快忘记了小小的忧愁,时不时指着那些参天大树问东问西。

眼看难不住他,你眼珠一转,指着远处滚动的黑色影子:"那个是什么?"

少年望向车窗外,忽然面色一变:"那是……那是什么?!"

在你迷茫之际他已经把你紧紧拉入怀中。大人们发出尖叫声,那几团黑影转瞬扑到你们的轿车前,重重地将你们撞下了坡道!

你被少年紧紧保护着,只觉得眼前天旋地转,碎玻璃扎得身体好痛。

过了好久,侧翻的轿车才停下。

少年满身是血,仍然艰难地先将你拖出车外,又踉踉跄跄地跪坐在轿车前,看清血泊里的大人们,他颤声:"爸,妈……"

侧翻燃烧的轿车、森林里的血泊、狞笑的黑色红眸怪物……它们将车里的尸体拖出来。

控制这些怪物的红眸怪人们说着话。

"没活人了,别搜了,咱们还急着走呢!"

"万一这些平民知道咱们的秘密呢?继续搜!"

漆黑的怪物们在森林里游荡。

吓呆的你被少年紧紧钳制在怀里，一动不能动。他的双手抖个不停，听着窸窸窣窣的声音，眼里含着怒火，紧紧咬着牙，却慢慢捂住了你的双眼，示意你不要看。

你眼前漆黑，直到这些怪物离开，越来越远。

"没事了……"少年松开你，哽咽着，一遍遍地呢喃，"没事了……再等等，咱们就回家……"

他动也不敢动，一直到天黑。

外面隐约又响起说话声："居然想炸了化工厂散播毒气，亏这群血族想得出来……"

脚步声靠近，少年警惕地将你护在身后，悄悄捡起一根粗树枝，双眼布满红血丝，嘶哑地冲出去："去死！"

"哇。"那人被吓了一跳，一把抓住少年的胳膊，"小孩，别冲动！我们是人类！猎人！"

他转头对其他猎人喊："这里有活的——"

跳回到17
—133页—

22

"不用了,承受不起。"你闷闷回答。

陆昼无声地笑了一下,他放下香水,却从容地拿起文件推开车门,俨然没有再上车的意思:"我让助理送你回家。"

你犹豫下,还是上了车:"你不走?"

"知道你不愿意和我同行。"陆昼漫不经心答道,"这不是想让你心情愉快些?"

影坛成名三年,所有人都说陆昼唯一的缺点是过于清心寡欲,与女明星交往点到为止,毫无绯闻。可你分明知道,他时不时就会开个暧昧的玩笑。

你不回应。

果然,陆昼发出一声轻笑:"我在附近还有事,只是取个文件,没必要再开车去。"

他递来一张烫金名片:*初级血猎学习电台*。

好土的名字,简直像三流培训班。

陆昼转身朝远去,他消失在灯红酒绿的交映下,慢慢点起烟,一手护住打火机,娴熟地"咔擦"点燃,慵懒地将烟捏在修长的指间。

跳转28

—156页—

23

真正结束的时候,你心里居然是一片空空的宁静。

陆昼其实走得很慢,慢到你现在去喊他都追得回来。可直到他背影消失,你都没有出声。

过去的事,就过去吧。

你人生中最令人沉醉的噩梦,结束了。

你在病房里住了小半个月,终于脱下病号服出院。

天气阴沉,空气里却飘着淡淡的甜味,像是小孩子吃的糖。你忽然想起童童,决定去看看他。

很快下起雨来。

你下了出租车,冒雨往里跑,忽然看见另一辆漆黑的轿车徐徐停下。车窗降落,是陆昼在亲自开车送物资。他漫不经心地偏了偏头,露出饶有兴致的笑意:"你在我身上装了GPS,跟踪我?"

"没有。"你嘴角抽搐,在男人的轻笑声里冒雨就跑,对方却下车追来几步,将伞微微朝你倾斜:"你刚出院,小心着凉。"

你不禁抬了下头,男人的侧脸在灰蒙蒙的雨水背景里,显得格外英俊。

"这么一看,你也不算严厉嘛。"你笑。

"怎么,想回来?"

"做梦。"

远远听见童童的哭声,几个阿姨围着也哄不住,你心中一惊,快步过去,童童坐在满地被撕碎的画上抹眼泪:"不要,不要大家死……"

阿姨们悄悄耳语:"这孩子一说一个准!""上次他说老张脚踩

钉子，老张还真……"

陆昼拾起碎画，一张张看着，神色由平淡缓缓变得凝重。

你正安慰着童童，忽然听陆昼沉声开口："立刻去收拾东西，趁早离开这片街区！"

窃窃私语的阿姨们吓了一跳，唯唯诺诺，飞奔出去。

"这孩子是超能力者，恐怕是预见类型。"陆昼将画飞快地一张张拼起，"连环车祸，秦婷遇袭……"

——惹得童童大哭的正是那张"浓烟"，森林里的化工建筑原料泄漏！

你牵过童童的手将他交给护工，正要说话，喇叭里忽然响起悲鸣似的警报声，一声声压得人心头沉重。随即所有人的手机都响起毒气预警的消息，要居民有序撤离，发布机关竟然是猎人署！

这说明情况已经到了最紧急的时刻，毒气是被血族有意泄漏的！

职业心占了上风，你拔腿往外跑，却被陆昼一把拽回。他二话不说脱下西服外套，在洗手池里蘸满水，紧紧捂在你的口鼻处，带你朝车里跑去。

他给助理打电话："我的车上有常备的防毒面具吗？"

"有的，您找找！"

城市短短一刹陷入混乱，有人要来夺车，被陆昼鸣枪击退。他先将你安置在副驾驶，又从后备厢取了两个防毒面具，踩下油门朝城外而去。

"去给我查，是哪些小鬼在对化工厂下手。"他紧紧皱着眉，显出戾气锋芒。

"老板，你的坐标后面有红点跟着……啊，是猎人！"

电话那端传来助理的惊呼，你心一惊，顺窗望去，果然看见许多警车朝你们围了过来!

"警车为什么会追你?"你急切地问。

"上次我救你的时候已经暴露了。"陆昼眼神沉稳,"趴下!"

哗啦——

你身侧的车窗玻璃粉碎,子弹擦过你的防毒面具,开了一条缝,甜丝丝的空气涌入,你努力憋着气息,阵阵发晕:"你别管我了……"

陆昼毫不犹豫地将自己的面具摘下,不顾你错愕的挣扎,死死按在你脸上,手上力气大到无从反抗。透过面罩,你看清他的表情冷静而决绝。

"给我好好戴着,不准摘。"陆昼脸色慢慢泛白,"不用管我,我的命,早就给你了。"

如果真有人愿意牺牲自我,那么他对她感情是有多深?

——用情至深的那个人注定是输家。

几辆警车在即将出城的时候将你们逼停,下来许多穿防护服的猎人,黑洞洞的枪口对准了你们:"发现两只血族,请求当场击毙——"

陆昼低低喘着气,微微仰头,在车座上靠了一会儿。

你正要说话,忽然见他一脚踹开车门,不容分说地将你推出车外,"咔擦"一枪抵住了你的额头。

猎人们将枪口警惕地转向他:"更正!一个发狂的血族,另一个……不能确定!"

男人低低地笑起来,最后关头,他仍保持着高傲与优雅:"她是我养在笼子里的金丝雀,是我的囚犯,我的受害人……"

你眼中已被泪水蓄满,却因刚刚吸入毒气而全身无力,只是摇着头。

陆昼将抵在你额头的枪口缓缓挪开,朝着灰蒙蒙的天空扣下扳机。

"已确认授权,保护人类至毒气外,射杀血族!"

乱枪声响起,男人的身体瞬间千疮百孔,唇边却带着丝丝看不透的笑意。你勉强恢复几分力气,要朝他过去,却被几个猎人架起:"不要怕,你已经脱离怪物的控制!"

你惨淡抬起头:"我想起来了……他不是怪物。"

你缓缓出声:"我才是。"

猎人们只当你被吓得神志不清,叹了口气,将你送往安全区。

灰蒙蒙的天蔓延到很远很远,在你接下来的日子里,好似一直没有尽头。

犹记最后,他朝你笑了笑,压低嗓音。

"不……是我失忆的爱人。"

END.

失忆的爱人

房子太大,你逛得有些累,倒头往床上一躺,熟悉的淡淡香水味顺着被单爬上鼻尖。

对了,这是陆昼睡过的床。

结束了一天疲惫的工作后,他就是这样无声地解开西服,躺在你现在身下的位置……竟有种陆昼就睡在你身侧的错觉。

或许——

床头的暖光勾勒出男人熟睡时起伏的胸膛,描摹出他沉静而俊美的侧脸,黑夜轻轻抚平他眉宇间的深沉,让他得以拥有这难得的安宁……

你脸上滚烫,本想离开这张床,可陆昼常用的香水向来有种勾人的蛊惑,竟诱得你眼皮打架,慢慢在他睡过的位置闭上眼睛。

睡梦中响起轻轻的脚步声,有人安静地在床边驻足。

半晌。

"从小就是这样……"男人叹口气,"傻瓜。"

他为你盖好被子,轻轻推门出去。

清晨,你打着哈欠推开卧室门。

刺眼的天光透过落地窗,淡淡映在男人笔挺的白衬衫上,好似镀了层光。陆昼此时没穿黑外套,正漫不经心地坐在餐桌前,喝着咖啡看文件。

你从未见过这样的他,只知道常穿黑衣的陆昼如同黑夜来者,神秘而危险,殊不知他穿白衬衫也十分耀眼。

"你，你怎么在这儿？"你脱口而出。

"我？"他嘲讽地笑，"可能因为这里是我家？"

躺在人家床上睡觉的丑样子肯定被他发现了。

你脸上滚烫，恨不得立刻就走，却被陆昼叫住："去哪儿？"

"我答应童童今天去福利院看他。"

"童童？"陆昼似有所思，"真巧，我今天的行程也包括福利院，走吧，坐我的车。"

他开车载你停在福利院门口。

陆昼在这里居然颇受孩子们的欢迎，被里外三层地围起，一口一个亲热的"陆叔叔"，你忍不住出声："你就不介意这个称呼吗？"

"如果你跟着叫，我会很介意。"他漠然看你一眼。

你立刻出声："陆叔叔。"

陆昼敛起目光，眯了眯眼，沉沉望过来。

你笑吟吟地和他对视。

对视了一会儿，见这一招对你居然毫无威慑，他很快眼神恢复平淡："真是越来越嚣张了，嗯？"

"那当然。"

不知哪个孩子喊了一句"哥哥姐姐好般配"，所有的孩子都跟着喊"好般配"，阿姨压都压不住。

在老师眼冒星星的恳求下，你们答应给小朋友们演白雪公主的话剧。

在天真无邪的歌声里，你吃了继母给的苹果，夸张地旋转倒地，布景切换，你已经闭着眼躺在纸糊的棺材里，七个小孩围着你哭。

"多么美丽的公主。"陆昼低沉的嗓音响起，比起王子简直更像男反派,"如果我吻醒她,我可以娶她……带她走吗?"

嗯?影帝刚才居然串词了?在一个幼儿园童话剧场里?

你偷偷睁眼,见陆昼深情地停在你身边,俯身要吻下来,你近距离看着他的脸,不觉间面红耳赤。

陆昼注视着你,在几厘米的距离停了下来。

"王子必须要吻公主,公主才能醒!"台下有个认真的小男孩起身,其他孩子立刻跟着嚷嚷要看亲亲。

你们的嘴唇在咫尺之间,呼吸交缠,如同蛊惑。

你脑子一热,闭上眼,却听他沉着问:"不后悔?"

你脸上滚烫,点点头,下一刻察觉到他与你嘴唇相抵,深深吻了过来。

孩子们的笑闹声震天响,老师慌乱的声音从身后传来:"小朋友们不可以看啊——"

好不容易演完话剧,却不见了童童的身影,听阿姨说他又调皮地大哭大闹,谁也压不住。你们赶过去一看,童童正坐在满地被撕碎的画纸里抽泣:"我不要这个灵验……大家都死了……"

"又胡说八道!"

陆昼走上前去,阻止愤怒的生活老师,拾起一张张的蜡笔画,神色愈发凝重。

他拿出手机,给你看一张照片,正是童童画上的白色建筑,地点就在当年出事的森林!你不禁惊呼:"这是……"

"生化研究所,毒气一旦泄露,半个城市都逃不过去。"陆昼沉稳点头,眼中波澜不惊,"我调查了很久,当年这群血族想毁掉研究所,令毒气泄露,与猎人同归于尽,但他们失败了。"

"那些卷土重来的血族,恐怕正是'最后的晚餐'组织。"

童童真的有预言能力,但想提前阻止这场惨剧发生,只能靠你们。

由你负责将童童带入猎人署,请求署里派人阻止这场灾难,保护研究所。而陆昼负责以Emperor身份发动命令,组织手下的血族围剿"最后的晚餐"。

这会是人类与血族第一次联合起来捍卫自己的生命。

你领童童进猎人署那天,风雨欲来。

虽然过程异常艰难,你还是引起了猎人署的高度重视,同意派人立刻前往研究所,对于和传说中Emperor手下的血族合作,却再三犹豫才同意。

陆昼发来短信:我已说服那些血族,给你二十分钟,到汇合点等我。

山风猎猎吹动陆昼的西装外套,他唇角勾起漠然的笑意,身后带领众多双眸猩红的血族,第一次直面高级血猎们。

"谁是Emperor?"一个威严的中年人站出来,目光不怒自威,你认得他是X市猎人署的署长。

在血族们如臣子觐见的目光中,陆昼微笑着缓缓走出,嗓音漫不经心,穿透风雨:"我。"

Emperor居然是享有国际声誉的陆先生,许多血猎当即露出震撼的神色,众多枪支纷纷对准了陆昼。血族们不甘示弱,也摆出了攻击架势,气氛一时剑拔弩张。

对视的两个男人,如棋盘上的黑白国王。

"你知道暴露身份意味着什么吧?Emperor。"署长平静地问,"哪怕你拯救这座城,总署也不会认可你。"

你心中震动,迈步刚要说话,却被陆昼从容地牵住手:"这可不一定。"

"而且,我要清理门户,你要阻止灾难。我们的枪,不该朝着彼此,而是……"他缓缓朝天,扣下扳机,"这枚银子弹该去的地方。"

研究所传来信号,这场特殊的讨伐一触即发。

两位国王同时发出指令,众多血族与猎人第一次同时朝任务地点涌去。"最后的晚宴"成员们以亡命徒的架势朝研究所攻击,你与陆昼持枪并肩作战。在这场早有准备的围剿下,企图释放毒气的血族们很快成为枪下亡魂。

"还有一枚最重要的棋子不见了。"陆昼眼神沉稳,"犹大……"

只要让他接触到化学炉十米之内,他就能用自己的超能力把气体转移扩散,实现自杀式袭击!

"如果是我,我会提前来到我该站的地方,让所有人都成为我的烟幕弹。"

你震惊地望着陆昼说道:"他早就溜进去了?!"

"嗯。"

陆昼带着你上车,在暴雨里一踩油门,轰鸣着穿过研究所的警戒线,果然看见陈越明正丢了魂一般直直走向巨大的存储池。冷不防发现你们的车,他挪过沉重的铁箱朝你们砸来!

A 朝他开枪 — 跳转26 — 153页

B 紧急躲避 — 跳转25 — 150页

25

陆昼迅速抓住你,千钧一发之际将你拖出车外,不料正踩在转移范围之内。陈越明狞笑着朝他抬手,陆昼好似被无形的手紧紧锢住,动弹不得,眼中的猩红色迅速流失。

血族的力量正从他身上被缓缓剥夺。

陆昼冷漠地注视着他:"认输吧。"

陈越明双眼通红:"凭什么!凭什么你背叛人类就能当帝王,我就是人人喊打的老鼠!"

他大步过来,死死扼住陆昼的喉咙,眼里杀气腾腾,却被陆昼眼里无尽的冷漠与平静慑得一顿。

转瞬之间,失去血族力量的陆昼劈手将他掀翻在地,居高临下眯了眯眼,一脚重重踩上他的脸侧,将他一直按入泥泞:"别忘了,身为人类,我也是最强大的。"

讨伐成功——

你刚解决掉附近其他杂兵,援兵就冲进化工厂,将叛徒们一网打尽。

下起暴雨。

陆昼冒雨走来,停在你面前,任自己名贵的黑西服被打湿。

他的瞳色宛如黑夜,几乎要将人吸入。

你忽然被他紧紧抱在怀里,仿佛再也不会放手。

"往事已经过去,我会弥补你的未来,决不食言。"

陈越明本有机会成为英雄,可他偏偏选择背叛。

阴差阳错,他转移掉了陆昼体内的病毒,竟让他变回了人类,因此,猎人署明知陆昼的身份也无可奈何。

化工事件过后,陆昼捐款了百万元重建城市,并且送童童去了相关学校。

网上议论纷纷,陆先生最近是不是恋爱了?

新晋影帝陆昼疑似与神秘女子餐厅约会,举止亲密!

"给你二十分钟,我包了空中餐厅的场,过来吃。"

你回复:"二十五分钟!"

陆昼回:"二十四分钟。"

你哑然失笑,不料刚迈出电梯,就直直和守在门口的男人撞了个满怀。熟悉的深沉香水味在鼻尖萦绕,男人居高临下地朝你抬起手机,唇边扬起深沉的笑意,晃了晃:"会讲价了,嗯?"

看着传说中的黑鱼子酱被端上来,你好奇问:"陆昼,你们有钱人是不是都把鱼子酱放在虎口上吃的?"

他漫不经心回答:"你可以试试。"

你煞有介事地学着网上的吃法,挖了一小勺放在手背,笑吟吟看他:"就像这样。"

"既然你了解那么多,那你知道它还有什么效果吗?"听陆昼悠悠地提问,你顿时有种被人下套的感觉。

你愣了下,忽然脸红:"增,增进感情……"

陆昼却不打算轻易放过你,饶有兴致:"怎么增进感情?"

你:"……"

看着你红透的脸,他优雅地轻笑,轻轻执起你的手,在你面前单膝跪地,缓缓垂目,轻轻吻过你的手背。

他有意多停留了半秒,连同你手背上的鱼子酱一同吻去。

"因为可以趁机亲吻我的爱人。"

陆昼抬起眼,微笑与你对视。

"我现在是你的囚犯了,你愿意把我的余生关进婚姻的囚笼吗?"

END.

芳心囚犯

你果断朝陈越明开了一枪,击穿他的肋下。见他还要伸手,陆昼冷静地补了一枪,你们配合得天衣无缝。

你们推开车门,缓缓走近倒地的目标。

陈越明痛苦不堪:"杀了我——"

"杀了你?"陆昼唇边缓缓勾起冷笑,"你是个不错的筹码,我可舍不得清理门户。"

远处,猎人署的人手姗姗来迟。

讨伐成功——

在这次围堵行动里,你因立了头功得以升级,而陆昼则以陈越明当作筹码,通过大半年的努力,居然争取来一个前所未有的机会。

他被授予特殊猎人署署长的职位,专门吸收那些已经化身为血族的猎人。

而你还是每天努力抢业绩的小血猎,不同的是,时常会有某个霸道不讲理的署长冒出来,打乱你的节奏,这点倒是和三年前没什么区别。

某天,你正与一只B级血族打得难舍难分,余光忽然瞥见熟悉的轿车停在附近,侧脸俊美的男人偏了偏头,顺手一枪帮你崩了它。

你:"……"

"来,上车。"他散漫道,"买了珍贵的红酒,急着和你分享。"

烛光晚餐,以及酒杯轻轻碰撞的"叮当"声——

你很快醉倒在桌上,被陆昼无奈地抱回卧室。他正要将你放在床上,不料你反身一转,两个人都天旋地转。再回神,他已被你毫不客气地压在床上。

你醉眼蒙眬地看着他,嚷着要报一枪之仇。

"哦?"回答你的却是低沉的轻笑。

三年之间一直从容而神秘的、强大又不可触碰的Emperor,此时被你耍无赖地按在床上。烛光晕染他英俊的眉目,漆黑的双眸好似星河,随后缓缓流淌开危险却蛊惑的猩红色。

你皱了皱眉,莫名有点委屈:"你又耍我……"

他唇边扬起丝丝笑意,大大方方地展开臂弯,忽然将你揽入自己胸膛,贴近你的耳畔,低低一开口,露出两颗致命的尖牙。

"那你想不想……现在就讨伐我这只血族?"

END.

长夜漫漫

手腕被用力一推,银匕首轻易刺穿皮肉,穿透男人的心脏。

你不敢相信他此时会这样做,颤抖着松开手:"陆昼……"

男人猩红的瞳孔缓缓恢复成极夜的深黑,他平静无澜地注视着你,垂目扫一眼自己的致命伤,笑了笑。

"嗯,不错。"

暗夜刺杀

跳转回15

—128页—

28

回家路上，看着寂静的路灯，你忽然想起三年前。

彼时陆昼还不是全民皆知的大明星，也没有被所有血族畏惧地称为"Emperor"。

某天，你似乎被血族袭击。

随后，寂静之中响起六声枪响。

有人跪在雨夜里，紧紧将你拥入怀中，呜咽着将头缓缓埋入你脖颈间，肩膀微微颤抖。

不知过了多久，你在陌生的住处缓缓睁开眼，看到的第一个人就是陆昼。

是血族！

你惊恐地后退，朝他狠狠扔枕头，要他滚。男人一言不发要转身出屋，你又迟疑着叫住他："你……你会伤害更多人类吧？我不能让你从这道门出去。"

你身体颤抖，坚定地抬起头，与他对视。

陆昼静静地注视着你，唇边慢慢勾起一丝笑意。

"好，我可以不伤害别人。但我救了你，作为报酬，你就做我的专属猎物吧。"

路灯下有个灰头土脸的男孩正蜷着身体，他穿着破破烂烂，不住哆嗦着："冷……"

你赶紧俯下身，抚摸他的额头，果然在发高烧！

"你是谁家的孩子？"你问，"爸爸妈妈呢？"

男孩一激灵："不要送童童回孤儿院……"

"那……姐姐带你回家吃药？"你问道，"你留在这儿会生病的。"

见男孩微微点头，你连忙将他抱起回家，翻箱倒柜找出药递给他，忙来忙去，直到凌晨男孩退烧。

清晨，孩子已经起床，正专心地蜷在沙发上涂涂画画。

小轿车被许多红眼怪物围起来，"地面"上被涂了许多红色，穿白裙的女人尖叫着。

"你见过？"你小声问，"还是恐怖片？"

童童摇了摇头，小声回答："昨晚梦到的……"

难道这孩子有什么童年阴影吗？

你不方便问。正要给福利院打电话，突然被他紧张兮兮地抓住："姐姐，今天是我爸爸妈妈走之后的第一个生日，我想要一样东西才出来的……"

你动作微顿，心中绞痛。

记忆深处响起女孩低低的哭声："爸爸，妈妈……"

彼时有另一个少年拍着你的后背，轻声安慰你："爸妈去远方了，以后我照顾你。"

你眨眨眼，蹲下身问孩子："想要什么？"

孩子居然害羞起来，深深低着头："我，我想要陆昼叔叔的签名……"

陆昼已经老少通吃了吗？

不过……你不会去主动招惹那个男人的。

你想了下，遗憾地摇摇头。

"如果把这个给叔叔看呢？"孩子却从书包里翻出一个破旧的日记本，扬起小脸，认真注视着你，"每次陆昼叔叔来的时候，好多孩子都去看他，我都挤不过去，也给不了他看……"

"每次？"你纳闷，"陆昼也会去福利院？"

孩子点点头："叔叔每个月都来，每次都带好多好多东西送给我们。"

陆昼居然偷偷做慈善？你对他的资本独裁者印象倒是有了微妙的改观。

接过日记看看
跳转6
—102页—

送孩子回孤儿院
跳转11
—111页—

"或许会有一场令人喜悦的重逢,请您务必不要错过。"

揣起崭新的证件和手枪走出典当铺,回想着季老板的话,你有些怀疑占卜的准确性。

你认识的人不多,重逢……会是谁呢?

大屏幕响起电吉他的演奏声,附近的肯德基自从换了代言人,客流量直线上升,女孩子们三五成群围观大屏幕,激动地讨论着抽到的"爱豆"周边。

你抬起头,看见舞台上挥汗演奏的少年。

他身沐万丈光芒,比光更耀眼。

——楚泽星,近两年出道的摇滚歌手,以出众的外貌与天才唱功火遍全国。

会是他吗?

两年前,你正为了考证奋斗。

难得的休息日,来游乐场解压,你轻车熟路地走到最拿手的僵尸游戏前面,投币举枪开局,一气呵成。

GAME OVER!

你"呼"的一声,放下电子枪,看着战绩飙升到本月榜首,还没来得及得意,忽然被"楚泽星"这个陌生 ID 毫不留情地踢到第二。

旁边不知何时多了个家伙,好整以暇地看着你。

这人比你高出一头,一身休闲服宽松时尚,搭配感十足,持枪的模样,英姿飒爽。他戴着黑口罩都有种说不出的好看,笑起来眉眼弯弯,泛起几分狡黠。

游戏币当啷一声落入孔中,你重开一局,对方同时开局。

五分钟后。

你举着枪,不可置信地瞪大了眼,居然又惨败!想当血猎的人,枪法不过关,信心往哪儿放?

一阵有意的轻咳引你转过头。

那人居然狡黠地朝你眨眨眼,还幼稚地举了举枪,意思很明显是"还敢挑战我吗"。

你投币以示迎战。

不知奋战了多少局,你渐渐追上他的分数,差距由一百分变为几十分、十几分……许多人围观,看你们双双逼近 3000 的分数天花板。

BOSS 关卡。

你神情专注,却察觉对方的目光总有意无意扫过来。

他若有所思地瞥了你一眼,然后不着痕迹地挪了下枪口,发出轻笑。

一枪打偏,GAME OVER。

欢呼的音效响起,工作人员捧着小海豹玩偶给你,说是首个突破高分的奖励。你稀里糊涂接过,转头看见那人正摘下口罩,懒洋洋开口:"小姐姐,真佩服你的执着劲儿。"

声线开朗如暖阳,悦耳如琴音,带着特有的少年气。

"哇……"周围女生们立刻传出惊艳的感叹声。

你睁大了眼,见他双手揣兜,大大方方朝你笑,相貌比游戏里闪烁的五色光还撩人:"你是第一个赢我的人,恭喜。"

你有些不爽,把玩偶往他怀里一塞:"给你。"

"怎么啦?"他举起玩偶,和它大眼瞪小眼,"哎,小家伙,你丑到人家了。"

THE SUN

"你放水了，别以为我没见。"你表情认真，"哪天我要凭实力再赢一次。"

"人生难得遇对手，改天有缘，三百局我都奉陪。"少年懒洋洋地笑起来，"不过今天我玩腻了，拜拜喽，小姐姐。"

他迈步要与你擦肩而过，还不忘摆摆海豹的小爪子，和你告别。

明明是个少年，说话却总给你一种超乎年龄的感觉。

最近流行这样吗？

"救命——"

你正要说话，突然被嘈杂的人声吸引了注意力，一个男游客丢了魂似的跑来，冲散人群，惊恐高呼"怪物"。

游客们尖叫退开，游乐场霎时陷入恐慌。

"我儿子还在里面，大哥，你救救我儿子……"男人死死拽住保安，语无伦次，"就在鬼屋里……"

你惊讶出声："怪物？"

楚泽星皱了皱眉，几乎同时低声开口："鬼屋？"

低级血族畏惧阳光，通常躲在暗处，饿极会丧失理智。你想起之前看过的十几年前曾发生的鬼屋惨案：一家三口被 D 级血族袭击，父母身亡，仅有一个七岁的孩子幸存。

你决定：

A 等待其他猎人赶来
跳转8
—178页—

B 立刻去救援
跳转2
—163页—

"你快离开这里!"

你迅速判断情况,先让楚泽星离开,随后快步在惊恐的人群中逆行。见鬼屋入口已被封锁,你趁乱翻越警戒线,在保安的喝止声中头也不回地闯入漆黑的通道。

这是一家医院题材的鬼屋,除了逼真的恐怖音效,走廊尽头还隐约传来孩子的哭声。你紧张地咽下唾沫,小心翼翼地从包里摸出手枪,蹑手蹑脚地朝尽头逼近——你还是第一次遇敌。

你的脑子乱作一团,什么等级的血族?受害者怎么样了?

唯有不能退缩的信念愈发坚定。

哭声愈发凄厉,你加快步伐奔跑,却听见尽头响起质问声:"猎人?别过来……"

你后背贴在拐角墙壁,持枪探头望去,一只D级血族正将哇哇大哭的男孩挡在自己身前。

它舔舐着尖牙,声音沙哑:"别开枪,不然我杀了他!"

你想了想:"我不开枪,你别冲动……"

"新人,第一件事,永远不要妄想说服B级以下的血族。"

你身后多了个人,手枪被他劈手夺过。你愕然回头,对方已经抬起枪口冷冷扣下扳机,火光亮起,第一枪完美击穿血族的额头,在它踉跄着松开孩子之际,随后用第二枪贯穿它的心脏。

血族轰然倒地。

让你如临大敌的血族,被对方在两回合之内消灭了。

见男孩瘫软在原地,你冲过去蹲下身,温柔地捂住他的眼睛:"都过去了……"

那人走来，朝血族的尸体抬起枪："捂住他的耳朵。"

你连忙照做，看他朝心脏又补了一枪，低沉的嗓音在枪火声里响起："第二件事，补刀。"

倘若是假死，恐怕遇害名单上又多了个你。

"谢谢……"你心有余悸地抬起头，他仿佛融入黑暗，连相貌也看不清，"你是猎人吗？"

"第三件事，及时拍照上传到署里，避免他人争功。"对方平静开口，"你的行动处处暴露弱点，是新上任的D级？"

你有些不好意思："我暂时……还不是猎人，但以后会是。"

"以后会？"他语调诡异，忽然怒意一沉，"那你与平民无异，人不厉害，胆子倒挺大，不怕死？"

"在你们这些猎人赶到之前，我是这里唯一有武器的人。"他的说辞让你不快，"当然害怕，可如果我退缩，它伤害的就是我身后的平民啊。游乐场代表幸福和放松，不该因为这些怪物变成悲剧。"

对方微微一愣："幸福……变成悲剧？"

"不错。"他忽然笑起来，"如果很多年前那个孩子也能遇到你就好了。"

"那桩鬼屋惨案？"你沉默了一下，认真注视着他，"我不能改变过去，但我能改变现在，哪怕能做的只有拖延时间。今天这孩子得救，我已经很满足了。"

对方从容地迈过尸体："加油吧小姐姐，希望你每一枚银子弹都用在有价值的地方。"

你牵起男孩，朝他伸手："枪很贵的。"

"我还能独吞你的武器？"对方漫不经心回头，脚下不知踩到了什么机关，一只女鬼突然倒吊下来，你吓得一声大叫，男孩哇哇大哭。

他猛退两步，一口气朝模型开了四枪。

你："……"

也不至于怕成这样吧？

你想吐槽，但碍于对方很厉害，忍着没开口。

"啧，鬼屋这个地方果然还是让人不愉快。"对方看着打空的弹匣，尴尬咳了声，把枪抛过来，"改天补偿你。"

见他要走远，你连忙出声："你真的是猎人？"

"猎人？"对方自嘲地笑了声，抬手打了个响指，"我早就没资格当什么猎人了。"

男孩忽然不哭了。眼前阴森森的鬼屋医院忽然变得灯火通明，女鬼模型不翼而飞。

这是什么超能力？

你来不及细想，赶紧牵着孩子去找他的家人。

你再没见过那个神秘的猎人，却意外碰见了楚泽星。

隔日，你再次被陆昼找过，神情低落地路过天桥下，看见夕阳里懒懒散散坐着个人。

乞丐吗？

你心不在焉地丢了五块钱，却被对方笑着叫住："哎，小姐姐，我可是正经的街头艺人。"

你愣了愣，回头看清少年澄澈的黑眸，他坐姿随意，还抱着把木吉他，海豹玩偶滑稽地倚着他的腿。

"是你啊，又见面了。"少年眨眨眼，"要听我弹一首吗？五块钱。"

"好啊，你弹。"

他忽然笑了，散漫一扫而空，拿起吉他，大大方方弹唱了首旋律轻快的英文歌，引来不少人驻足。

有人要拿钱点歌，少年想了想："五十块一首。"

"这么贵！走了走了……"

人群很快散开，渐暗的夕阳里只剩下你和他。

"不是五块钱吗？"

"给对手的优惠价。"少年朝你眨眨眼，像只狡黠的幼兽，"我今天才知道，原来我的歌声能让一个难过的女孩笑起来，这可是对我最大的肯定了。"

你哑然失笑，又留下来听了几首。

夕阳不知不觉被夜色代替，天空下起了雨，你问他："你不回家吗？"

"出了点事，暂时没有家。"少年漫不经心地背起琴盒，抱着海豹，走进雨幕，"今晚找个便宜的旅馆，拜拜喽。"

——看他故作轻松，你忽然想起自己。当时陆昼想要你在他的度假别墅住下，你断然拒绝，拖着行李箱一个人也是这样在这座城市里迷茫地走着。

你决定：

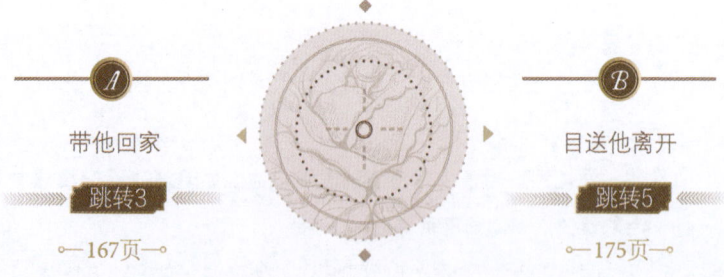

A 带他回家　　　　　　　　　　B 目送他离开

跳转3　　　　　　　　　　　　跳转5

—167页—　　　　　　　　　　—175页—

3

X 市的夜晚血族横行,你可不想看到他上第二天的头条新闻。

你鬼使神差地叫住他:"喂,要去我家住一晚吗?"

少年脚步一停,惊讶地在雨里回头,忽然又笑:"小姐姐,你没有安全意识吗?不怕我是坏人?"

"怕啊,谁让我善良呢。"你的目光落在他怀里,"用这只海豹赌一把喽。"

他眼神闪烁,注视你片刻,懒洋洋开口:"一般人可不会夸自己善良啊。"

"废话这么多。"你叫了辆车,"快上来吧。"

你领着湿漉漉的少年回到出租屋,打开冰箱做饭,听见他的声音:"能借用一下浴室吗?"

"可以。"

淋浴声响,等你端饭菜上桌,楚泽星正好擦着头发懒洋洋地走出来。

淋湿的外套被挂起,白衬衫显得他体型瘦高,布料微微贴在腰身,匀称的腹肌隐隐可见。你第一次带异性回家,有些尴尬地挪开目光:"只有鸡蛋炒黄瓜,将就吃吧。"

他在对面坐下,拿起筷子尝了口:"好香啊!比盒饭和面包好吃多了!"

你默默同情起来,问他:"你多久没这样吃过饭了?"

"出事之后差不多半年了吧。"

你有些无语:"那你还去打游戏?"

"哎呀小姐姐,你就别教育我啦……"他眨眨眼狡辩,"比起物质,我更急需精神食粮来安慰受伤的心。"

你"扑哧"一笑:"算了算了,你多吃点,长身体。"

"你也是。"他把盘子往你这边推了推,抬头一笑,眼里好似有星星,"姐姐,今晚我能睡你的沙发吗?"

你愣了下,挪开目光:"你,你随便。"

"姐姐"这个词太有杀伤力了……简直像捡回来的流浪小动物。

你给他拿了条毯子:"晚安。"

"晚安喽。"少年靠在沙发,目送你回屋,懒洋洋地打着哈欠,"有外人留宿,记得锁门……"

"不用你提醒。"你嘴角抽抽,反手锁门。

想到客厅多了个异性,当晚你有些失眠,翻来覆去到半夜才睡着。

楚泽星全程安静得好似不存在。

清晨,你被客厅传来的吉他声吵醒,揉着眼推门:"早上好……"

客厅明亮,身穿白衬衫的少年随意坐在地板上,低头专注地拨弄着怀里的吉他弦,熟悉的旋律流淌,是一首优美的《贝加尔湖畔》。

你干脆也坐下,认真听着。

"吵醒你了?不好意思啊。"弹完一曲,楚泽星抬头,"其实,我现在最大的梦想就是当个出名的音乐偶像。"

"外貌肯定过关,"你想了想,"你有自己写的歌吗?"

"有倒是有,不过我还没给第二个人听过……"他有些犹豫,轻咳了声,"那我弹给你听,你别笑话我啊。"

"不会,你弹。"

少年一改平时懒洋洋的样子,抱着吉他,有些不好意思地弹起前奏,清澈的歌声在客厅里回荡。

"我弹得怎么样?"他期待抬头。

"嗯……有待进步,感觉少了点特色。"

"通常都会夸一下吧。"楚泽星忽然笑了,"你连客套都不客套的吗?"

"实话实说才能成长。"你一本正经答,"昨天你弹《Free Bird》很好听,不如往这方面试试?"

"真的吗?"他认真起身,"我再弹个《Viva La Vida》你听听?"

"好啊。"

一上午过去,楚泽星意识到自己更适合摇滚路线,他斗志昂扬,决定谱曲给你听。你则翻开血猎资料温习,刚看了一会儿,听见他问:"姐姐,你还在上学吗?"

你连忙用手挡了挡资料,含糊过去:"考个很难的资格证。"

"这样啊,加油。"他点点头,又问,"如果有人得了无法逆转的绝症,随时都有失控的可能,你觉得他还有追逐梦想的可能吗?"

你惊讶地抬头看他。

楚泽星连忙摆摆手:"我有一个……朋友,他现在整天都很颓废,原来的工作也做不了。"

"我会劝他幸福度过接下来的每一天,不要刻意追求什么有意义的生活,也不要责怪自己太颓废。"你认真思索着,"只要他觉得幸福,成功最好,不成功得到快乐也很好啊。"

楚泽星认真望着你:"如果他经历过一次毁灭性的打击呢?"

"我回答不了你,但是……"你认真回答,"除了生死,都是小事,不是吗?"

犹记得少年那时的眼神,好似要沉溺在海水里的人,眼底渐渐看见了破晓的光。

"谢谢,我真的特别喜欢听你说话。"他忽然笑了,"我朋友……他一定会很开心的,是啊,死过一次的人应该无所畏惧才对。"

楚泽星在你家借住了一星期,背起吉他临别之际,他信心满满:"姐姐,我一定能出名!"

分别之后你们一直保持线上联络,有时是闲聊,有时是推荐曲子,或约玩游戏。转眼两个月过去,楚泽星给你发了段视频,是他在用崭新的电吉他演奏新歌。

你回复:更熟练了!你哪来的钱买这么贵的乐器?

楚泽星:当然是振作起来打工啦!以后我的新歌都第一个唱给你听,好不好?

你:好呀。

一年后,你们的关系已经发展到一通电话就能约彼此出来玩的程度。

某天,楚泽星神秘兮兮约你出来吃饭,告诉你好消息:"姐姐,有公司决定要签我的曲子了!"

"真的?"你惊喜出声,"以后我能在屏幕里看到你了?"

"现在还没机会上镜呢。"他不好意思地笑,"你想看,我争取争取早点实现。"

你看着楚泽星的名字渐渐出现在艺人通告上。

你看着他从籍籍无名走到万人瞩目,你看着他一度陷入对手栽赃的困境中,又以漂亮的姿态翻身。

第一次上镜,楚泽星抱着节目组的玩偶,笑着朝镜头挥挥手。

"姐姐，看到我了吗？"他事后发短信。

你控制不住地扬起嘴角，回复：*看到了，清清楚楚。*

看着肯德基的广告，你感慨居然一晃已经过了两年。

那个懒洋洋地对你故作成熟、弹起吉他时却又脸红的少年，总是一副经历过什么事的样子，性格远远不是现在这样开朗。

手机忽然响起，备注是楚泽星，你惊讶了下："喂？"

"叮咚，恭喜中奖！"另一端传来好听的男生笑声，"我们要抓一个幸运市民，与当红'爱豆'楚泽星共进晚餐！小姐，有时间吗？"

——能想出这么有创意的鬼点子，也只有某人了。

你忽起坏心，装作苦恼："没有哎，看来只能让给别的市民了。"

"不行不行，你可是独一无二的！"对方急切的声音传来，很快又自信满满，"明天也可以！"

"或许明天我不饿哎。"你憋着笑。

"后天也可以，"他居然厚着脸皮破了你的套路，"你不饿，看着我吃也可以。"

"楚，泽，星！"你故意凶巴巴，"你要跟我一直耗到明年吗？"

"小姐姐，如果你愿意，咱们可以耗一辈子。"

"败给你了，其实我正想吃大餐庆祝呢。"你彻底破功，"你是怎么算到的？"

"哎呀，我们真是心有灵犀。"对方继续拿腔作调，"咳咳，总之，楚泽星会乖乖等小姐姐来兑奖。"

占卜灵验了！

翻翻娱乐新闻才知道，他刚结束今年的巡演，昨天才回 X 市。

"接下来要做什么呢？"

采访里,楚泽星挠挠头发,笑得纯良:"当然是回家好好睡一觉啦!"

记者们笑起来:"睡醒呢?"

少年望着镜头,神采奕奕:"我要去见一个非常非常想见的人,飞奔而去,一刻不停。"

◁ 跳转4 ▷
　—173页—

换衣化妆，磨磨蹭蹭就到了赴约时间，你赶紧叫了辆车。

你："我快到餐厅门口啦。"

楚泽星："快来快来，他们家的位子特别难预定呢。"

附近坐标位置出现 S 级男性血族，代号 God，请求紧急支援——

你被震动的紧急通知吓了一跳：上任第一天就遇到了 S 级血族？而且还是在别人约你吃饭的时候？

人命关天，你还是果断选择营救：

"我忽然有个特别急的工作……咱们能改天再约见吗？对不起。"

过了一会儿，楚泽星回复：

"啊……工作为重，不用道歉，其实我也正好有事情。"

隔着屏幕都能感受到他的失落。

对方又发送：

"我还有个惊喜要送你，你来定时间地点，怎么样？"

"好。"

你让司机调头，停在突发现场不远的街区，匆匆下车。

城市渐渐浸在危险的夜里。

你赶到现场，翻越警戒线，朝事发地点跑去。路灯下响起高跟鞋踩地似的"哒哒"声，一个女人突然向你袭来，你连忙侧身躲过，迅速从包里摸出手枪。

不对。

不是人！

女人走路姿势僵硬,整张脸都是由劣质涂料画成的,好像是商场随处可见的试衣人偶!

你开枪击退人偶,察觉身后有冷风袭来,又重重一旋身踢去,将后方偷袭的人偶踢得后退两步,却发现周围起码有数十个同样的人偶!

它们感受不到疼痛,很快再次向你袭来。

各位猎人注意……血族 God 的超能力为控制死物活动……请务必小心,消灭本体……

A 找到血族
跳转6
——176页——

B 先解决人偶
跳转7
——178页——

那是你记忆里最后一次与楚泽星接触。

思维回到现在,看着屏幕,你觉得自己有些想象力过盛。

一面之缘的人,怎么可能会再有什么奇妙的邂逅呢?

看来占卜也不太灵验。

你迈步向前,回到自己平凡又不平凡的人生中,总觉得好像少了点什么。

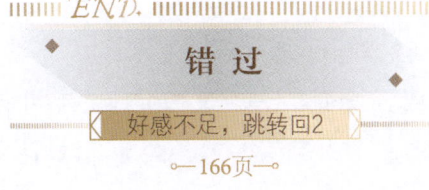

错 过

好感不足,跳转回2

—166页—

6

你甩开人偶们,跑到十字路口。

猎人们行色匆匆,枪口的火光不断闪烁,一个双眸猩红的男人被人偶们保护起来,他沉醉地举起双臂,仿佛教堂里吟唱的神父。

他如乐队指挥般一扬手,横七竖八的人偶残骸缓缓起身,有猎人要强行突破,却被人偶重重击倒在地。

无法近身,只能偷袭!

你闪身躲在建筑后,无声瞄准,一枪射去。

银子弹划破黑夜,God 的胳膊立刻溅起血花,他踉跄后退,朝你的方向转过头,惊怒地命令:"处决——"

所有的人偶齐刷刷向你跑过来。

你急切回身,咫尺间对上人偶僵硬的脸,它手中的菜刀反射出冷冷的白光。

闪电撕裂黑夜,瓢泼大雨骤然砸下。

几辆幽灵般的漆黑轿车飞驰而来,枪口架出车窗扫射,将人偶们打得七零八落。车门迅速打开,黑衣人在暴雨里穿梭,交火声响彻雨夜。

领头的黑衣人下车走来,盛大的雨幕如同衬托他从容步伐的舞台。

God 盯着他,嗓音阴冷:"幻视……他们说你死了。"

"是啊,是死过一次,现在又从地狱里爬回来了。"

那人一手揣在黑外套口袋里,一手持枪,姿态近乎闲散地停在你的视线里:"好久不见啊,新人。"

崭新的弹夹朝你抛过来,你连忙接住,朝他望去。

暴雨模糊了视线,你只看清他扬起轻松笑意的下半张脸,和两年前一样神秘："当年浪费你四颗子弹，还你个人情，快走吧。"

你一脚踏出警戒线。
夜幕里，都市燃起万家灯火。
那场暴雨好似骤然降临的盛大幻觉。

幻视朝 God 走去，他步伐悠闲，径自走过枪林弹雨，嗓音穿透暴雨与火药声："看来你很倒霉，惹了她，也就等于惹了我。"
鞋尖踢开人偶的头颅，任它咕噜噜滚出很远。
"那家餐厅真的很难预订啊……"他嘴角的笑容渐冷，双眼泛起猩红的光，"你知道惹了我这种人，会有什么下场，对吧？"

神秘的幻视……究竟有什么来头？

获得道具A页

—276页—

7

这些东西越来越多,你被活动人偶缠住,极力开枪逼退他们。

子弹打空了!

你被人偶正中致命要害。

危险城市

跳转回4

—174页—

8

你觉得自己实力不足,不如等待其他猎人去支援吧。

楚泽星不知何时消失在人海。

十五分钟后危机解除,听说是一位神秘的猎人击毙血族,将孩子救了出来。

你松了口气,下定决心好好训练,走出了游乐园。

错失良机

跳转回1

—162页—

穿过满地碎玻璃,在迷宫尽头,你们看到坐倒在血泊里的 God。原来他已经连继续逃跑的力气也没有了。

你走过去,举枪对准他。

God 缓缓抬起头,注视着你:"孩子,你会后悔的……我的初拥能给你永远的青春……"

"很可惜。"你冰冷地扣下扳机,"God,你不是任何人的信仰。"

S 级血族 God 讨伐成功。

随着 God 的死亡,你充满信心,就算陆昼是比 God 强大的敌人,总有一天你也会这样讨伐他。

——何况还有楚泽星做伴呢。

你们走出镜子迷宫,发现游乐场已经是一片狼藉,人偶与设施残骸散落一地,处处都是子弹壳和弹孔。

曲终人亡,God 的能力究竟给他带来了快乐,还是孤独?

你又想起 God 的话,莫名有些感慨。

楚泽星与你并肩站在乐园里,察觉你眼里的思绪,轻轻牵起你的手:"姐姐,我要施魔法喽!"

你转过头,看见他笑着打了个响指:"只需要一点点小魔法。"

眼前忽然晃起灿烂的光芒,你惊讶望去,看见高高的摩天轮又开始转动,旋转木马在音乐声里追逐,彩灯又铺满了所有的设施,满地碎屑重新拼成镜面……游乐场又活了过来。

一切都为你重新转动。

"今晚整座游乐场，都是你的。"楚泽星在璀璨的光芒下俯身，垂目轻轻吻过你的手背，"再次祝你生日快乐，我的夏娃。"

"所有的危机都解除了，姐姐，现在你愿意回答我的告白吗？"

喜欢吗？

那一声声的姐姐，数不清的聊天记录，暧昧又若无其事的一幕幕，每次即将无限接近，却因你犹豫而退却的关系……你早知道，他在眼中藏着漫天的繁星，他在心里种下热烈的花海，他笑起来是暖阳，他朝你伸出手，指尖化作载你度过晦暗的桥。

你们曾各自背起手，若无其事地将黑夜藏在身后，抬起眼，望穿彼此的笑意，只看见一片阳光。

——只因是他，也只有他。

心里有个声音在坚定地回答着。

"我愿意。"

你微笑回答，眼神温柔而坚定。

"我就知道你会同意。"

笑意从楚泽星唇边扬起，他望着你，眼中光彩熠熠，比星芒还要耀眼。

"人的生命很短暂，即使我会先行离去，你也不后悔吗？"你问。

"怎么会呢，姐姐。"他看着你，认真回答，"你若离开，我必不会独活于世。"

"姐姐。"他笑着牵起你，朝游乐园外走去，"今晚带我回你家吧？"

——我曾堕入很深很深的黑暗，就像要溺亡的人，眼睁睁地看着自己一直沉下去……然后，你义无反顾地出现了。

再抬头，我看到太阳从海平面冉冉升起，原来水面离我从来都不远。

"我们还有很漫长的一生要一起度过，一起在火炉旁读书，一起在午后吃甜甜的烤饼干配牛奶。对了，我们还可以养只猫，牛奶可以分它一碟。"

"如果死亡那天真的到来，我们一定已经度过了很幸福的一生，你说呢？"

END.

彼此的光

"我到商场了,你在哪儿?"

你穿过广场往正门走,给楚泽星发了条短信,想到阔别半年,心里有些期待和忐忑。

对方很快有了回复:"我看到你啦,好久不见,你能不能心有灵犀地找到我呢?"

他真是越活越幼稚了。

蓝天白云的好天气,你难得放松下来,决心也当一回幼稚鬼。

God潜逃事件已经过去一周了。

得知重创过God的血猎几乎都离奇牺牲,你将忐忑转化为动力,每晚都努力寻找D级血族练手。

毫无超能力又畏光的低级怪物和God简直不是一个档次。

至于那位时隔两年又忽然出现的幻视,你再也没有看到他。

经历了几次有惊无险后,你的自信心随着业务水平大大提升,坐以待毙不如主动出击——你无意间刷到新闻,看到这家商场的试衣人偶离奇失窃,就干脆约楚泽星在这里碰面,一探虚实。

你又收到短信:"我就在不远处,找到我了吗?"

你很快留意到那边有只布朗熊正给小朋友们发气球。

——你可没放过他刚才连忙揣起手机的动作,简直是故意提示。

你慢悠悠过去,笑盈盈朝他伸手:"给我一个。"

布朗熊把最好看的气球递过来,有个没领到的小女孩眼巴巴瞧着你:"大人也可以领气球吗?"

你接气球的手一顿,发现是家玩具店在做活动,有些尴尬。

闷闷的少年音从头套里传出,布朗熊十分认真地跟小朋友强调:"无论八岁还是八十岁,这位姐姐在我眼里永远是小朋友!"

你凑近熊眼,与头套下那双清澈的黑眸对视:"找到你了。"

布朗熊夸张地后退半步,捂住自己的熊嘴。

你想了想,接过剩下的气球,帮他分发给孩子们:"我不要气球了,我要把你领走,行吗?"

布朗熊受宠若惊地行了个绅士礼,任你牵起他软软的熊爪:"小姐姐,我是你的了,你要领我去哪里呢?"

你往员工换衣间走。

"领你恢复人形。"

"热死了热死了,不愧是你,真聪明!"

楚泽星一边扇风一边解拉链,你下意识地转身捂眼睛,随后听见他的笑声:"姐姐,我可是穿着衣服的呢。"

你尴尬地转回来。

"等你的时候看见玩具店做活动,就借了套布偶装,看你能不能认出我。"他先脱下布偶服装,里面果然穿着黑衬衫与牛仔裤,立刻从憨憨的熊变回了瘦高的少年,"哎呀,头套卡住了,帮我摘一下。"

你走过去双手向上用力,将头套一把摘下,不料它比想象中更轻,你用力过猛,"哇"的一声,直直向后仰去。楚泽星下意识伸手一揽,紧紧揽住你的腰往回一带,你栽入他怀里。

见你没事,他眼中所有的担忧悉数化作狡黠的笑意。

"好主动啊。"

你抬头瞪他:"这可不是你这个年纪能说出来的话,等你长大再……"

少年的黑发被汗水浸湿些许,显得微乱,却愈发显得脸庞白净美好,他垂眸朝你望过来,瞳孔里倒映出你的脸庞。"姐姐,什么时候算长大?"

分别半年,少年外貌丝毫未变,笑起来依然狡黠。这一刻,你才发现他的眼神从两年前的故作成熟,逐渐变为真正的成熟。

说不清道不明的悸动在你心中作乱,有些陌生,有些熟悉,一圈圈扩散开微微的甜。

见你脸上愈发滚烫,楚泽星及时松手,笑意如常:"你说要庆祝,是为了什么?"

"你还记得?"你惊讶。

"关于你的每个细节,我都会记在心上。"楚泽星认真地望着你,"我可比你想象中要更厉害,你什么事都可以跟我讲。"

你故作轻松,拉他往外走:"那个证我拿下了,成功上岸,当然要庆祝啦。"

少年的世界应该光芒万丈,永远不该涉及那些黑暗的角落。

刚走出试衣间,听到粉丝尖叫的瞬间,你忽然意识到不妙。

忘了他现在是当红"爱豆"!

"楚泽星!"

……

粉丝们围堵过来,纷纷拿手机拍他,鉴于陆昼留下的阴影,你最头疼被人围观,恨不得拉他回去再戴上熊头套。不料他眨眨眼,眼神无辜:"现在戴还有用吗?"

"难道要变成粉丝见面会了吗?"

察觉你话语里的失望,他笑得更开心了,压低声音:"你不高兴,那咱们私奔吧?"

"你是说逃走?"你怀疑地看着他,"你的粉丝不会追过来?"

他朝你伸出手,露出胜券在握的笑容:"魔法,一点点小魔法。"

你鬼使神差地握住他的手。

"抱歉抱歉,私人时间不营业。"楚泽星临走还不忘比个心,引来阵阵尖叫。

惊呼尖叫声里,你们手牵手飞奔冲出人群。

"我刚才看见楚泽星了!"

"他……奇怪,一下就消失了。"

片刻后,儿童区。

你们躲在儿童菠萝屋里,楚泽星蹲在你身后,你的后脑勺几乎贴着他的胸膛。

近距离听着他稍快的心跳声,你小声问:"你就没有偶像包袱吗?"

"不论什么身份,我永远是我。"楚泽星的笑声愈发清晰,"我可不想再见面的时候,让你觉得我陌生啊,我会非常非常难过的。"

气氛变得愈发奇怪,幸好被小朋友脆声打断:"妈妈,这里有奇怪的哥哥姐姐……"

楚泽星抬手比了个"嘘",朝小孩眨眨眼,熟练地贿赂他两颗糖,牵着你从菠萝屋上跳下来。

"综艺节目里你也是这么讨好小朋友的。"你无奈地笑。

"小孩子在得到喜欢的东西之前绝不会放手,我喜欢他们这点。"楚泽星分你一颗糖,"我的节目你都看了?"

"当然啦。"

他先是惊喜，后是苦恼："哎呀，早知道就表现得再帅气一点了……"

"明星被人看还会害羞吗？"

楚泽星纠正："只有被你看才害羞。"

你心跳慢了半拍，故意瞪他："我很可怕？"

"偶尔是有点……哎，我错了错了，别走啊姐姐！"

你故作气恼，转身要走，却被楚泽星委屈巴巴地牵住手："姐姐，你喜欢小动物吗？"

你眼珠一转，故意为难他："你能给我变出来？"

"虽然没有那么神通广大，但我知道一个好地方。"楚泽星很快恢复笑意，神秘兮兮地朝你眨眼，"走吧，姐姐。"

原来这里有一家新开的猫咖。楚泽星笑着为你推开店门，你眼前一亮，各色各样的猫咪惬意地晒着太阳。

"好多猫啊！"

楚泽星得意："怎么样？姐姐，我就说你肯定喜欢。"

你蹲在一只小加菲面前，拿起逗猫棒晃悠着，被它的憨态逗笑。

楚泽星蹲在你身旁，也一本正经地拿起逗猫棒，上下晃悠着，逗得加菲猫左摇又扑，乐得直晃头。

猫咪打着滚儿。

你笑着望向猫咪，楚泽星笑着望向你，他眨眨眼，嘴角挑起狡黠的弧度。

他手中的逗猫棒与你的越来越近，越来越近……终于牢牢缠绕在了一起，长长的细绳打了结，怎么也扯不开。你"啊"了声，下意识低头凑过去，楚泽星却也同时凑过来，你们的额头几乎撞在一起。

"姐姐，咱们真是心有灵犀啊。"

少年的眸色是沉沉的夜，少年的笑却似万丈光芒，眼里漫天繁星亮起。

"你……"你挪开视线，轻咳一声，"别闹，你帮我拿着这根线，我把它解开。"

楚泽星乖乖遵命。

过了一会儿。

看你越解越乱，满头大汗，他终于轻轻笑出声："姐姐……你这是什么意思？"

细细的红线一圈圈缠绕住他的手指，另一端则捏在你手里，怎么看怎么像是你故意牵住了他。还没等你开口，楚泽星忽而凑近些，压低声音："姐姐，你这是想把我绑回家？"

他的嗓音在你耳畔有着诱惑般的磁性："绑回家……然后独占？"

你抬起头，猝不及防与他星空般的黑眸对视，整个人好似要被这片繁夜吸入其中，无法自拔。

心跳得好快。

他有意将距离缓缓拉近，几乎要与你鼻尖相抵，却又故意狡黠地笑，在你心绪最慌乱的时候若无其事地退开："姐姐，我要是解开，你可要答应我一个条件。"

你捂住心口，自欺欺人地想强行将它压下："行啊，我就不信你能解开……"

话音未落，只见他指尖从容地拨弄几下，缠绕的红线悄然松开。

"从第三步的时候就绕错了。"楚泽星慢条斯理道，"我一直数着呢。"

"你……"你恍然大悟，"这是套路！"

楚泽星得意地"哼哼"笑了两声。

店员走过来,将你们点的饮料和炸鸡块端上桌。

一只橘猫馋得在桌下团团转,你忍俊不禁,坐在桌旁,拿起一块喂给它。

楚泽星看着这只肥猫,若有所思,他大大方方往对面一坐,朝你眨眨眼:"姐姐,我也想让你喂我吃。"

你瞪他一眼:"跟猫抢什么?"

"愿赌服输——"他慢悠悠出声。

你只好叉起一块凑近他唇边,注视着少年熠熠发亮的双眸,手上动作却微僵。

千万人只能在荧幕上看到的这张脸,此时此刻,就以如此近的距离在你眼前,伸手可及。

他乖乖张开嘴。

迟疑的一瞬间,肥猫突然跳上桌,在你们惊讶的注视下踩得盘子哗啦响,急不可待地嗷呜一口,叼走了即将到楚泽星嘴里的鸡块。

楚泽星睁大了眼,不可置信。

你"扑哧"笑出声,看着他愤愤地嚷着"都怪你",将肥猫一把抱起,揉起它的胖脸,肥猫不甘示弱,肉爪"啪"地拍在了楚泽星白净的脸上。

简直是两只炸毛的猫。

你鬼使神差地抬起手,在楚泽星的头上揉了揉,在楚泽星惊讶的回眸中,人猫大战以平手告终。

你做贼心虚地收回手:"看着……看着挺好摸的。"

"小家伙,看在这位姐姐的分上饶你一命。"楚泽星将肥猫放回桌上,一转头,却笑得狡黠又得意,"果然比起它,你更爱我对不对?"

两年前你亲手捡回来的"猫",不惯着他,又有什么办法呢?

你无奈地"是是是"应答。

和楚泽星在猫咖待了两小时，你才想起调查商场的事，连忙以买衣服为由拉他出去，一路往电梯赶。

看着电梯门口的指示牌，服装区在五楼。

"去五楼买衣服？"楚泽星就没安静过，"能不能也帮我挑挑演出服啊？常服也可以，你挑的我都喜欢。"

"好好好。"

工作人员听见你们的对话，连忙要提醒什么，却被一个其貌不扬的中年人的询问打断，转移了注意力。

你牵着楚泽星进电梯，中年人随后进来："几楼？"

"五楼，谢谢。"

他帮你们按下按钮，电梯缓缓启动。

中年人不动声色地往你们这边靠了靠。

你察觉出一丝不对劲，敏锐一扫，果然看清他的手掌正鬼鬼祟祟朝你这边伸来。

"……"

你有些无语，正要反手给他个教训，身后的楚泽星却迅速与你擦肩而过，外套带起一股冷风，重重出手擒住中年人，将他"咣当"撞在电梯内壁。

"你这手，不想要了？"

中年人"哎哟"惨叫，死活不说话，楚泽星手底加重力气，压得那人骨骼咔咔作响，连声求饶："我，我没乱碰！我就是拿钱办事！"

把失忆以来的人生搜索一遍，除了陆昼，你好像没惹过什么人啊……难道是 God？手段这么低级？

楚泽星冷声逼问："谁？"

你从未见过这样的他，习惯带笑的眉眼紧紧皱起，眼底慢慢泛冷，震慑得对方直打哆嗦。

思绪轰隆回到那一夜的暴雨倾盆……

留意到你的表情，他挑了挑眉，声线又变得明朗许多："你不说，警察总可以让你说吧？"

"你别把他胳膊压折了。"你连忙提醒。

中年人感激地望着你。

你默默添了句："适当教训，算咱们防卫过当就不好了。"

中年人："……"

楚泽星擒着那人一回头，对你笑得纯良："好，都听你的。"

你想报警，一摸口袋却发现多了张薄薄的纸。

电梯"叮咚"停在五楼，朝你们徐徐敞开。

楚泽星望向电梯外，瞳孔一缩，脸色泛白。

那人趁机从他手底下跑了，你忙追出电梯，眼前却陷入诡异的漆黑，整个楼层没有一丝光亮。

"姐姐！"

楚泽星大步追上来，紧紧捂住你的眼睛。

"你相信我有魔法吗？"他的声音在你耳边响起，带着不易察觉的微颤，随后顿了顿，努力缓出一口气，温柔地继续说道，"我的魔法，就是让你永远不需要害怕。"

对方手掌温暖的感觉传来，你轻声回答："没关系，我不会因为这种小事就害怕。"

楚泽星慢慢放开你的眼睛，视线稍微模糊，转而清晰，世界渐渐有了光，有了熙攘的声音，商场热闹明亮，顾客穿梭在柜台之间。

你眨眨眼,刚才是幻觉吗?

可惜那个人已经消失了。

店员们热情地围过来,你正要询问试衣模特失窃的事,忽然被楚泽星一把拉远,他拿起一条白裙子,夸张地拉长语调:"姐姐,这件好适合你——"

"真的吗?"你刚接过,就被他几乎是推到了试衣间里,"快穿上让我看看。"

楚泽星朝你眨眨眼,拉上帘子:"我在外面等你。"

好多店员和顾客朝他跑过来,你有些惊讶:"这些人怎么了?"

楚泽星向后扫了一眼,语调轻松:"哎呀,被我的粉丝们认出来了,我去给他们签个名,你慢慢换。"

"一个一个来,不要急。"

……

你边换衣服,边听着外面楚泽星的声音。

当明星真辛苦。

你默默地感慨着,想起今天口红色号有点浅,不太衬这件衣服。

A 补补妆 跳转13 —201页—

B 就这么出去 跳转16 —204页—

11

走出试衣间,旁边立刻响起楚泽星惊喜的声音:"哇,仙女姐姐!"

刚才还围过来的粉丝们此时居然不见了,只剩他一个人乖乖地守在这儿,见你出来,他眼神亮得让人不好意思,你莫名想起忠诚的小狼狗来——简直就差一对耳朵。

"你的粉丝呢?"你环顾四周。

签完名,不可能马上散开吧?

楚泽星神秘地回答:"魔法,一点点魔法。"

你才发现他气喘吁吁的,简直像刚打了一架,不禁无奈笑出声,耐心给他擦汗:"辛苦你了。"

"是啊,姐姐,我好辛苦的。"楚泽星主动凑过来让你擦汗,"但无论你遇到什么,叫一声我的名字……不,哪怕你叫个'楚'字,我也会马上赶到你身边。"

少年的眼神真挚澄澈,让人难以抗拒。

你故作坚强的心好似微妙地裂了条隙。

三年来陆昼的事。

God 盯上你的事,还有……口袋里的字条。

不该为了自己的安危,把他的人生也拖入黑暗。

有些东西,一旦插手就无法抽身而退。

你抬起头,确定眼神里所有晦暗的心事都被悄悄藏起:"好。"

楚泽星静静与你对视。

半晌,他温柔一笑:"这条裙子,真的很适合你。"

你的心跳又慢了一拍。

"我，我去付钱……"你慌乱地挪开目光，语无伦次地要往柜台走，却被楚泽星轻轻牵住了右手。你满脸通红地回头，见他恢复轻松的笑容，得意扬扬地晃悠着手里的信用卡："我，刷，过，喽。"

——你们每次出门，他从来不肯AA制，每次都非要和你抢着刷卡。你们生生把付账变成了回合制。

包括但不限于：他趁你去洗手间的时候偷偷刷卡，你支开他去拿饮料的间隙赶紧付账……

"得意什么。"你瞪着他，"下次肯定是我赢。"

"小姐姐加油喽。"

楚泽星晃悠着他的信用卡，领你往前走，走出了消费八十万的得意气场。

你们很快逛完了五楼。

今天楚泽星比往常更果断，经常忽然拎起衣服塞给你，迅速推你去试衣间，等你出来又是一通夸。

而你给楚泽星挑衣服的时候，发现他这身材，这脸……无论什么风格都能轻松驾驭得住，几乎不需要花费什么心思来搭配。

你也想推他去试衣间，却被他一句话拆招。

"你这么好看，我怕我一不留神就把你丢了。"他认真说，"姐姐，我现在看谁都像坏人。"

下楼的电梯里只有你们两个人。

楚泽星松了口气，按下一楼。

"你好像很紧张？"你问。

"是啊，不过今天也成功守护了姐姐。"楚泽星眨眨眼，"还想去哪儿玩？"

你认真地想着。

忽然看见许多人匆匆闯入商场，杀气腾腾地朝楼梯跑去，脚步整齐，训练有素，好像在哪见过。店员们低低议论："好像朝五楼去的……""奇怪，五楼今天不是……"

你正要继续往下听，忽然被楚泽星牵住手："姐姐，商场逛够了，我还有个更好玩的地方，要不要去？"

"当然要。"你学着他眨眨眼，"你怎么什么好吃好玩的都知道？"

"既然是和姐姐约会，当然要提前做好功课啦。"

这次楚泽星带你去的地方是一家 DIY 甜品店。

刚进店门，你就嗅到了浓郁的奶油香，几个客人正专心致志地在蛋糕坯上挤奶油。

楚泽星带你来到单独的房间，帮你系好围裙："姐姐，以前试过自己涂奶油吗？"

你们面前已经摆好一个等待装饰的蛋糕坯，桌上还放着各色奶油。

你好奇地看着工作台，跃跃欲试地拿起一管纯白色奶油，凹凸不平地往蛋糕上涂抹。

空气里飘着甜甜的香味，夕阳的光映入屋里，楚泽星微笑着站在你身旁，眼睛里倒映着你专注努力的模样。

"姐姐，你看起来比蛋糕更好吃。"

冷不防听到这句话，你下手重了些，过量的奶油全挤在了蛋糕上。

你故作严肃地望向他："都怪你胡说八道，把多出来的吃掉！"

"好啊。"

他顺手蘸了一点奶油，笑吟吟地抹到你脸上："哎呀，手滑了。"

"楚！泽！星！"

你不甘示弱，和他闹了起来，努力抬起蘸了奶油的手往他脸上抹，却碍于身高差，被他笑着轻描淡写地抓住手腕。

他轻轻抓着你的左手腕，侧过头，嘴唇轻抵你的掌心，落下痒痒的一吻。

满眼都是窗外夕阳的光，还有少年狡黠而温柔的笑意："姐姐，你的味道好甜。"

这个举止，若换了任何人都会备感突兀，可偏偏楚泽星的眼神如此清澈，笑意如此从容——也正因为是他，你心中竟没有丝毫的抗拒，那种微甜的感觉又在心中泛起涟漪。

自你掌心沾到他唇上，再顺着他口中悄然融化的香甜味，仿佛也狡猾地一并溜到了你心里。

想必此时，你如火烧般的脸颊颜色同夕阳差不多。

"别动。"他温柔出声，"我帮你弄干净。"

直到他轻轻抬手，将你脸上那一点奶油刮下来，你才被指尖温暖的触感惊醒，连忙放下手："差，差不多做好了……"

分明看透了你眼里的情绪，少年眨眨眼，偏又笑得纯良："好，我这就让人打包。"

拎着蛋糕走出店门，楚泽星一本正经地开口："现在，还差最后一个任务。"

"什么任务？"

他笑着转过头："当然是护送姐姐回家啊。"

你点点头，忽然微愣，家里还堆着一大堆关于血猎的书啊。

"不行。"你坚决摇头，"我家不方便。"

他笑得无辜："我只是送你回楼下，你想哪儿去了？当然，姐姐如果想邀请我做客，我只好恭敬不如从命……"

"改，改天吧。"你结结巴巴，"屋里很乱。"

跳转14

—202页—

你想了很久，编辑了一条长长的短信给楚泽星发送过去。

你将隐藏起来的一切秘密都对他诉说，包括血猎的事，包括这三年间与陆昼的一切……你也不知道自己为何要交代得这样彻底，或许这个坦白的念头早就悄悄埋藏在你心底，此时随着对死亡的恐惧一并宣泄出来了吧。

喜欢他。

你清楚地意识到。

可是正因为这份喜欢，才不能将他卷入你的世界里来。

你关掉手机，没有看楚泽星的回复，收拾好装备，赶赴惊悚之夜的邀约。

午夜。

孤身迈入游乐园正门，你听到暗处响起低低的笑声，人偶们手持寒光闪闪的武器朝你冲来。你努力让自己沉着，抬起枪，将它们逐一击倒。

子弹滚落一地，你不知自己支撑了多久，在这场战斗中动作愈发麻木，重复着开枪、换子弹、躲闪和攻击的动作。

看清突现眼前的新敌人，你动作微顿，竟下意识迟疑了一瞬。

——那是一只布朗熊人偶。

只在一瞬，血光在眼前亮起。

你身上剧痛，踉跄着后退，连忙朝布朗熊开了几枪，眼前却愈发模糊。

"围住这里，去干掉 God！"

熟悉的声音冷冷响起。

模糊的视线里，许多黑衣人匆匆跑来，火舌在黑夜里闪耀，来人以压倒性的胜利迅速击溃了人偶大军。穿黑西服的幻视持枪朝你跑来，你努力抬起头，这一次终于看清了幻视的脸——

与楚泽星的外貌无声交叠。

在彻底倒下的前一瞬，你被楚泽星接入怀中，他跪坐在满地鲜血中，声线微颤："姐姐……我找到你了。"

"对不起，我擅自看了字条里的内容，原来God给你发了邀请……"他手中缓缓用力，将你拥入怀中，"对不起……如果我早一点对你说，我就是幻视……"

在他的颤声里，你听清了前因后果。

原来他也有一直隐藏的东西，原来他也和你一样，深深地坠入这黑暗世界。你勉强抬起头，看清他双眸里泛起猩红的光，他眼神悲伤："姐姐，你愿意和我一样活下去吗？这条路很难，但我会陪你走下去，一直走下去……"

——濒死之际的人类，会因为感染血族病毒而得到强化。

"你愿意加入我的组织吗？你想继续当血猎，我们可以一起行动……"

你久久沉默着，许多混乱的念头划过，许多矛盾的挣扎浮动。

你看清他眼里的泪水，如此无措而痛苦。

——要陪他活下去。

心里豁然开朗。

你朝他微弱地一笑："好啊……以后的路，一起走……"

楚泽星惊讶地望着你，眼里的悲伤终于缓缓转为笑意。

"姐姐,你千万别动啊,我这还是第一次呢……"

他将你拥抱得更紧,嘴唇张开,温柔地凑近你的脖颈……

你缓缓闭眼,再睁开,看见楚泽星担忧的脸庞。

"姐姐,感觉怎么样?"

从他的瞳孔倒影里,你发现自己双眸里正缓缓亮起猩红。奇异的感觉包裹了你的身体,依稀似曾相识,想象中的痛苦挣扎不曾发生——好似你本来就应该如此。

你惊讶地发现,自己的致命伤已缓缓恢复,在楚泽星的搀扶下慢慢起身。

有猎人跑过来,报告 God 寡不敌众已被消灭的消息,随着 God 的死亡,那些午夜里游走的玩偶也终于颓然倒地。

一切都结束了。

你松了口气,朝楚泽星抬起头,想到这惊心的劫后余生,想到刚才发生的一切,苦与甜交织的泪水不自觉地在眼里泛起。

——以后要怎么办?

楚泽星紧拥你的腰身,俯身吻来。

所有苦甜的思绪都被楚泽星动情而专注的一吻打断,所有成为血族的迷茫都被他眼里的坚定抚平,这象征着失而复得的一吻来得格外突然,却又如此顺理成章。

黑衣人们面面相觑,识趣地清扫现场去了。

过了好久,他温柔地放开你:"姐姐,带我回家,好不好?"

你们相拥的侧影,被游乐场的光照亮。

——往后余生,还有他陪着你。

"忙了一天，回去想做什么？一起打游戏还是吃零食？"

黑暗已被他驱散。
他会成为你的光。

"我想把所有的事都和你做一遍。毕竟除了今晚，咱们还有明天后天大后天……总之，余生好长啊，想想就很幸福。"他笑答，"有你在身边，做什么都会很快乐的，对吗？"

END.

深渊尽头

还是补补妆吧。

窄小的试衣间没有镜子,你拿出手机打开自拍模式。

手机亮起闪光灯,夜拍模式自动开启。

夜拍?

相册里多了一张模糊的缩略图。

你疑惑地点击放大,瞳孔一震,拿手机的手开始微微颤抖,忽然意识到什么。

你在试衣间里静静地待了半晌,这才神色如常地拉帘出去。

跳转11
—192页—

终于回家了。

你躺倒在床上,拿出临别之前楚泽星给你的惊喜,看了又看。

——他演唱会的票,时间就在你生日当天的早晨。

"我给你留了最好的位置,演唱会那天要是看不见姐姐,我可是会很伤心很难过的。"

回忆着楚泽星说过的话,你慢慢将票放在心口。

你终于抽出字条。

悄悄把这张字条放进你的口袋,这才是那个中年人的真正目的。

一张邀请函,落款是 God。

时间在你生日当晚。

一小时前。

"一个一个来,不要急。"

轻松愉快的嗓音,兀自在空旷诡异的楼层响起。

最特殊的"粉丝签名会"。

整个五层陷入漆黑,"停业维修"的立牌不知被人藏到了哪里。

他守在试衣间前,如同骑士在黑夜里守护着公主的城堡。

黑暗里响起急促的"哒哒"声,试衣人偶姿态扭曲地纷纷朝他围过来,挥舞着刀具。

"啧,还以为真闹鬼了呢,吓我一跳。"

他轻松侧身躲过寒光,劈手"咔嚓"卸了它的关节,从容地从口袋里拔枪对准了人偶们,瞳孔泛起猩红的光。

他开朗的声线渐渐沉敛,喉咙深处发出的笑意冷得让人战栗:"原来只是血族捣鬼而已……God,谁借你的胆子敢吓唬她?"

火光在黑暗中闪烁,每一发银子弹都命中人偶们的关节,打得它们七零八落。

"打扰我和姐姐的约会?你想都别想。"

你紧皱眉头,叹了口气,觉得这张邀请函越看越瘆人。

上面有种血族的气息,让人不爽。

看完内容,将邀请函扔进了垃圾筒。

获得道具B页

—278页—

15

你沉思了一下:"如果每条路都找一遍,时间不够……"

"我有个更好的办法,姐姐,捂住耳朵。"楚泽星朝镜面扣下扳机,扬起灿烂的笑容,"那就是,打碎它——"

你紧紧捂住耳朵。

连发子弹迅速击溃了一面面镜墙,炸落满地尖锐的碎玻璃。

你正要继续走,忽然身子一轻,被楚泽星拦腰抱起:"容易受伤,我抱着你过去。"

他稳稳地抱着你,一步步穿过破碎的镜子迷宫。

你按捺住怦怦狂跳的心,负责在他怀里举枪瞄准前方。

跳转9

—179页—

16

无论什么样子,楚泽星肯定都会夸你好看。

算了算了。

你懒得补妆,拉开帘子走出去。

跳转11

—192页—

来晚了来晚了!

你踩着高跟鞋,特意穿着那条白裙子,风风火火地下车往内场跑去,火急火燎地检了票,在震彻耳膜的电吉他声里找座位。

昨天收到紧急任务,忙到凌晨,之后你倒头呼呼大睡,连楚泽星给你打电话都没听见。

电话都不接,好吧,再让你睡一会儿。
你起床洗漱了吗?
姐姐姐姐,我快上台了。
你不来啦?那我让别的朋友代替你来喽。

翻完这些短信,你连忙回:

啊啊啊我来晚了,对不起对不起!

对方未读。

你没见过楚泽星生气的样子,但他多半生气了。

开场曲唱完,舞台打光充满赛博朋克的摇滚元素,全场气氛已经沸腾到最顶点。

"楚泽星!楚泽星!"

……

呼喊声震耳欲聋。

大屏幕将少年的飒爽身姿投影而出,所有的光束都集中在他身上,所有的应援棒都为他疯狂挥舞。他在舞台上弹起电吉他,音浪席卷人潮。

他面朝一片深邃的星海,所有的星星都为他欢呼闪烁。

楚泽星给你的票果然是视野最好离舞台最近的,第一排 VIP 席,再向前些几乎能碰到舞台。你找到座位,看清那位"朋友",你愣了下,忽然笑出声——是当年你送他的小海豹,被精心保存,依旧白白胖胖的。

努力不去想今晚要面对的亡命邀约,你抱着海豹坐下,沉浸在电吉他与少年的歌声里。楚泽星今天穿了身黑色演出服,衣服上的银饰随动作熠熠闪烁。

你久久地注视着他,不觉间热泪盈眶。

那个在天桥下孤独演奏的少年,终于拥有了自己的舞台。

最后一首是楚泽星的神秘新歌。

楚泽星解下黑外套,在尖叫声里高高朝着观众席抛下来,所有的粉丝都激动地站起来,你跟着凑热闹,可惜没接到。

舞台奏乐自然切换为抒情风格,你再朝前望去,原来楚泽星里面穿了件洁净的白衬衫,衣领第一颗纽扣解开,微微露出锁骨。他换了一把木吉他,倾身向着麦克风,嗓音平和专注:"最后这首歌,我想献给一位对我来讲最珍贵的人,今天是她的生日,祝她生日快乐。"

你呼吸一窒。

少年带着笑意仿佛胜券在握,有意无意朝你的方向一瞥。

他面朝人山人海的舞台,是如何一眼发现你的?

舞台上清朗的嗓音如在倾诉。

"在那些曾一个人弹唱的迷茫往事里,

在那些不敢许诺前程似锦的岁月中,

不曾遇到她,我要如何度过籍籍无名……"

间奏时,楚泽星走近舞台边沿互动,前排所有的粉丝都站起来,激动地朝他伸手。

他笑着——握手，眼看就要朝你走来。

不觉间你脸颊已经滚烫，就这样看着他步步走来，笑容无限清晰。

你连忙学着其他粉丝伸出手，与他紧握，然后抬起头，与少年清亮的眼睛相望。

他举起话筒，继续清唱。

"你是千万人中，独一无二。"

千万欢呼声里，他从舞台俯下身与你十指相扣，无声紧握又悄然分开，指尖还残留着彼此的温度。

千万人只当他无心之举，无心握手又无心分开。

只有你们彼此心照不宣——

当他注视着你，眼神比任何人都要专注。

在这个最特别的生日里，平日里被拼命抚平的感情，此时此刻在满场的欢呼声里被猝然惊醒，从此一发不可收拾，那些故作的掩饰都被歌声片片剥落。

你的雀跃，你的惊喜，你的沉醉，连同那些羞于言说的心思，都被悉数照亮，无处遁形。

原来在他面前，你藏起来的心思早已无处可逃。

直到演唱会结束，返场的曲子也唱完，你才微微缓过神，在一片疯狂持续的"Encore, Encore"呐喊声中，楚泽星鞠躬退场。

粉丝们依依不舍地离席，你忽然收到短信。

上一条消息显示已读，楚泽星回复：

"光是道歉可不行，姐姐，我好想你能来后台找我。"

"我马上就去。"你唇角控制不住地扬起，想想又敲一句，"跑着去，一刻不停。"

你与退场的人潮逆行,保安要拦,被一个工作人员阻止:"咦,你不是泽星总提起的那个姑娘吗?我领你进去。"

"他总提起我?"你道声谢,跟他朝化妆间去。

"他简直把你的名字挂在嘴边,整天唠唠叨叨的都是你。"对方似笑非笑,"全组都认识你。"

所有工作人员都笑容深长,朝你打招呼。

你受宠若惊地回应,推开门,只见楚泽星刚刚卸完妆,清爽干净的样子,发尖还微微沾着水珠。他转过头,惊喜出声:"仙女姐姐!"

"整天奇奇怪怪地叫我。"你关上门,将一捧花塞到他怀里,"今早太匆忙……没带什么礼物,门口买的。"

"你送什么,我就喜欢什么。"他郑重收下,却朝你急促地眨了几下眼,好像有些不舒服,"姐姐,我的眼睛里好像进东西了。"

你连忙凑过去:"你别动,让我看看。"

楚泽星乖乖地坐在原位,抬起头,任你摆弄。

你不时朝他的眼帘吹吹气,惹得他不住轻笑。

看了半天,你终于将他眼里小小的异物吹掉:"怎么样,还有东西吗?"

看穿楚泽星眼里的笑意,你这才发现此时姿势过于暧昧,几乎能听见彼此的呼吸声,加上刚才担忧心切,你的手不自觉地抬起,掌心抚上了他的脸侧。

你正要抽回手,却被楚泽星轻轻握住。

他温柔地将你的掌心禁锢在手中,任你触碰他的脸,一瞬不瞬地注视着你:"姐姐,你的眼睛里也有东西。"

"真的吗?"你眨眨眼。

"你的眼睛里……"楚泽星笑意更甚,轻轻回答,"藏着我。"

——此时此刻，他的瞳孔深处也藏了个你。

你张了张嘴，看着他眼中毫不掩饰的炽热，莫名地口干舌燥。

看见化妆台上有一杯水，你几乎慌乱地挪开目光。拿起水喝了几口，却听他慢条斯理道："姐姐，咱们这算是……间接接吻？那杯水我刚喝过的。"

你"啊"了声，放下杯子，却发现少年笑得狡黠："逗你的，我没碰过。"

又要你！

你正要开口，却见他从容地拿起玻璃杯，大大方方地将剩下半杯水喝完。

他抬起头，与你缓缓拉近距离，眉眼笑意不减："这下，可就是真正的间接接吻了。"

一字一句，如石子投湖，轻巧地砸在你的心湖，却狡猾地掀起了早已藏不住的惊涛骇浪。他义无反顾，骑马佩剑，对你心上的城池吹起号角，长驱直入，然后肆无忌惮地攻城略地。

仿佛受到蛊惑，你缓缓俯身，与他嘴唇的距离无限靠拢。

——惊悚之夜。

每个孤身赴约的猎人都有去无回，每个爽约的猎人都离奇遇害，也有人提前和署里打招呼，领着大批猎人赴约，God 却并没有现身。

几天后，那个猎人也人间蒸发。

那封邀请函如噩梦，随着惊雷轰隆惊醒了你。

不能在决战之前沉沦。

有个声音冷静地提醒着你，如果真的一去不返，你忍心留下他苦苦等待吗？

在沉沦的前一瞬，你迷离的眼神猝然清醒，在楚泽星意外的注视下，猛地退开。正巧有化妆师走过来，你挪了挪视线，只装作一切从未发生过。

楚泽星眨眨眼，很快从短暂的惊讶中恢复，他没有问你退后的原因，而是朝你微微一笑："脸色这么差，昨晚熬夜了？"

你神色飘忽："嗯……工作太忙。"

楚泽星转头问化妆师哪个眼霜好用，他拿起一小瓶眼霜，指尖蘸了蘸，耐心在你的眼睛周围涂抹开。

"工作之余也要放松啊，只要我在你身边，保证让你压力全消。"

清清凉凉的花香味晕开。

你乖乖闭眼，任着他涂，忽然他凑过来压低的嗓音暧昧而缱绻："姐姐，你有事瞒着我，对不对？"

这声音悄悄钻进你的耳朵里，几乎要再次巧妙地攻入你心底最后一道防线。

你惊讶地睁开眼，咫尺间与他对视。

"你把困扰你的秘密说出来，我也用我的秘密交换，好不好？"

他坐在化妆台前，又朝你凑近些，沾着水珠的发尖几乎要碰到你的额头。

你艰难地挪开视线，忽然"咦"了一声。

少了什么。

"海豹……"你一拍脑袋，"咱们的海豹好像落在座位上了！"

楚泽星笑着起身："那咱们先去把它找回来，再继续谈秘密，好不好？"

来到座位前，你们发现海豹不见了，听保安讲是被一个女粉丝捡走的，你们连忙在退场的人潮里穿梭，终于拦住了拿玩偶的女孩。

"对不起,这个海豹是我的,"你走上前,"它对我很重要,可以还给我吗?"

对方警惕地望过来。

"抱歉抱歉,这是我的宝物,不能给你噢。"楚泽星笑着拿出一张精美的签名,"楚泽星的签名跟你换,好不好?"

女孩眼睛一亮,接过签名,把玩偶还给你们。你抱着玩偶松了口气,站在拥挤的人潮里正发愁怎么回去,忽然被楚泽星拦腰抱起。

你轻轻惊呼,听他一声笑:"你抱着小宝物,我抱着大宝物。"

抱着你大步穿越人海,回到化妆间,楚泽星依旧没放过刚才的话题。

"物归原主喽,现在要谈的是姐姐的秘密。"

你想了想:"真的想听?"

楚泽星捧着海豹,一本正经对你道:"它是小宝物,你是大宝物,帮小宝物解决了困难,再然后当然是帮大宝物喽。"

"那你也要老实回答我的问题。"你想了想。

楚泽星坐回化妆间的椅子上,像个乖学生:"保证如实回答。"

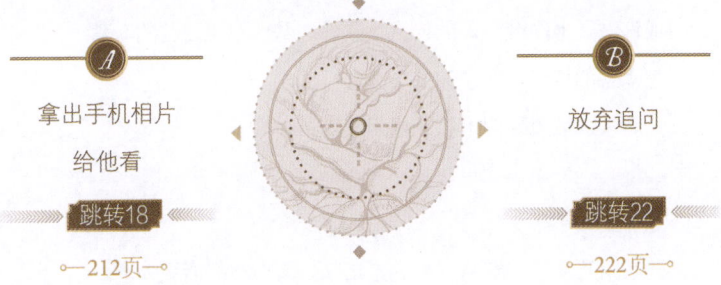

A 拿出手机相片给他看
跳转18
—212页—

B 放弃追问
跳转22
—222页—

18

"首先,你是怎么让商场五楼的灯亮起来的?"

你拿出手机,打开相册,将那天无意间拍下的照片点开。

——试衣间漆黑,闪光灯将你的脸拍得阴森森的。

"闪光灯亮的时候,我忽然有了一个很大胆的猜测,眼睛会受到欺骗,但镜头不会。"你缓缓开口,"其实五楼自始至终都没有客人,只是一片漆黑,就算有脚步声,那也不是人类的。"

楚泽星无辜抬头,甜甜叫出声:"姐姐,魔法……"

"一点点魔法,对不对?跟你讲,今天卖萌也没用。"你先被他磨软了一半的脾气,故作严肃地盯着他,"当天五楼停业整修,我翻到商场的通知了。"

楚泽星乖乖坐好,笑着望向你。

"刚才居然没有粉丝认出你。"你认真与他对视,"两年前鬼屋里那个血猎是你,那天暴雨里救我的人也是你,对吗?如果我没猜错,你就是资料上殉职的 S 级血猎,能力是幻觉。"

其实你心里忐忑。

或许这是他隐藏至深的秘密,或许这是他不愿回首的心事……

楚泽星的声音打断了你的念头。

"看来以后我要叫你猎人姐姐喽?"

楚泽星站起来。

化妆师正拿着外套从衣帽间走出来,为他穿好西服外套。

第一次看见穿西服的他,依旧笑得狡黠,身姿却比任何时刻都利落飒爽。

"哎呀，正苦恼怎么向姐姐坦白呢……我其实特别害怕鬼屋，因为七岁那年和父母去鬼屋玩，出了点事。"他顿了顿，"最后是警察把我领出来的。"

"警察？"你惊讶看着他，"难道……你就是当年活下来的孩子？！"

"是啊，有只D级血族忽然冒出来，爸妈让我先逃……"他微微垂目，语气故作轻松，"我再看到他们，已经是惨不忍睹的两具尸体了，他们满脸都是惊恐，还有担心。"

"所以，每年我都会去他们的墓前，告诉他们我没有走丢，我还活着。"

他眼神复杂。

"他们会听到的，一定会。"你忽然想抱抱他，又觉得太唐突，轻声道，"太伤心的事，就不要回忆了。"

"好。"楚泽星望着你，慢慢恢复笑意，"为了报仇，我十六岁就成为了猎人，从无败绩。后来……大概在两年前，也就是遇到你的几个月前，我被血族咬了一口。"

"你被感染了？"你问。

"是啊，我给它致命一枪后，挣扎了两天两夜才活下来，代价就是这个。"楚泽星微微凑近，他的瞳孔慢慢泛起暗红色，"其实你领我回家那天，病毒忽然发作，我整晚都在拼命压抑病毒发作的欲望，只能靠弹吉他来麻痹自己，后来……你推开门，把光送进来，我发现自己忽然能控制了。"

你抬起头。

原来自己还有那么神奇的能力？

"你让我意识到人间这么美好，我才不要变成怪物。"楚泽星望着你,"姐姐,如果你有超能力,那就是让一切变得美好吧。"

"我想过把银子弹送进自己的心脏,又不甘心那样去死,每天荒废度日。后来,看你义无反顾地闯进鬼屋,我忽然想起了当年的自己,再后来又听你说,除了生死,都是小事。"

"我就一点点振作,重建了自己的血猎组织,专门吸收像我一样的人。"

虽然早猜到一切,可真正听他说出口,你还是震撼到无以复加。

他曾克服最深的恐惧,若无其事带你穿过漆黑的大楼,面朝深渊,却轻飘飘将你往回一拽,笑着说一切依旧很美好。

化妆师捧来银手枪。

楚泽星接过,利落地藏在西服外套下,他微笑着朝你伸出右手,重新介绍自己:"楚泽星,前任S级猎人,代号幻视。"

你伸手握住,却被他用力一拽,整个人猝不及防跌入他的怀抱:"姐姐,没有你,也就没有今天的我。"

他与你近距离对视,呼吸交织。

"成为血族倒是有个好处,那就是会让容貌永葆年轻,猜猜看,我真实的年龄,够不够让你心动?"

"所以你……"你本想认真思索,却脸上发烫语无伦次,"我……"

"现在知道了吗?"他低笑,"姐姐,我对你的动机,从来都不单纯。"

他温柔低语:"现在,是不是该听听你的秘密了?"

> 跳转21
> —218页—

"既然解不开,那就打破它喽。"你朝着镜面抬起手臂,开枪,然后是第二枪、第三枪……镜子爆出"哗啦"的刺耳声。

你向前走去,鞋面碾过一地碎玻璃:"走吧。"

身旁传来他崇拜的笑声:"啊——我永远是姐姐的脑残粉。"

跳转9
—179页—

明天再看吧。

明天一定是适合回消息的好日子。

姐姐,为什么不回电话?

一直没说,两年前你遇到的幻视就是我。不知道要怎么对你开口,怕你会排斥我,瞒到今天对不起,我只是想……让姐姐眼里的我,永远都像太阳,挂在白天,给你带来光和热。

现在我才想通,黑夜之所以是黑夜,是因为没有太阳,哪怕我置身黑夜,也可以成为你的太阳,对吗?

惊悚之夜。

你孤身迈入游乐园正门,在暗处低低的笑声里,走进这无边的茫茫黑夜。无数人偶手持寒光闪闪的武器朝你冲来时,你抬起枪——忽然想起入行时的宣言。

我们是银子弹，我们是守夜人，我们是全体人类最崇高的剑与盾。

我们发誓与黑暗对抗到底……

至死方休。

姐姐你不要一个人做决定，带上我，好不好？

你在哪里啊？这座城市真的太大了，我找不到你啊。

清晨上班的工作人员惊恐地报警，闻讯而来的是特殊调查科与猎人署。三天后，他们向各大媒体做出了交代——普通的凶杀案，凶手被发现时已死亡，请群众不要恐慌。

据小道消息，在遗落的手机里发现大量当事人与当红歌手楚泽星的聊天记录，具体内容未公布，此事又引起了轩然大波。

当天，楚泽星宣布退出娱乐圈。

少年沉默寡言，嘴角失去了永远上扬的弧度，对着观众深深鞠一躬，离开自己心爱的舞台。

我找到你了，可是已经来不及了。

姐姐……你是怎么一个人打赢 God 那样强大的敌人的？你是如何一个人面对那些恐怖的人偶的呢？

我知道你一定战斗到了最后一刻，你一定不后悔，可我还是不敢去想，我这个所谓的 S 级猎人啊，其实比你胆小多了。

姐姐，你舍得让我余生都在缅怀你的日子里孤独终老吗？

水面之下。

两年前被确认死亡的幻视忽然出现，带领民间血猎们在黑夜里行动。

从那天起,那位拥有红眸的神秘猎人,变成了所有血族的噩梦。

每天给你发短信都变成习惯了,原来两年过得这么快。

生日快乐,可惜我已经不再写歌了,对不起,我不该轻易放弃梦想的,可是我好像陷入了一场很久很久的梦……什么时候会醒?我想,除非是有一天你忽然出现在我眼前,狠狠骂醒我吧。

如果梦能醒来……

下一次,请你不要再推开我,好吗?

END.

守夜人

21

午夜。

你持枪缓缓走进空旷的游乐场。

"很好,我的 Eve,你迷途知返……"

随着吟唱般的声音,游乐园设施在你眼前缓缓亮起,映出 God 隐入黑夜的身影,他负手与你对视,眼中慈爱。

你朝他抬起枪:"只要我孤身过来,就能和你正面对峙,对吗?"

"亲爱的孩子,在接受我的初拥之前,还有试炼等待着你……"God 抬起双臂,黑暗里站起许多扭曲的身影:小丑、熊布偶……这些本不该被赋予生命的东西,此时正朝你围过来。

你朝着 God 冷冷地扣下扳机:"我只信仰我的子弹。"

银子弹掠过黑夜,被纵身飞扑过来的小丑挡下,它胸口炸开棉花,保持灿烂的笑容朝你跑过来,举起柴刀一劈。

你向后急退躲过,连开三枪打碎它的头,小丑轰然倒地。

God 笑意如常,直到另一枚银子弹自暗夜里穿越虚空而来,射穿他的胸膛——

他胸口溅起血花,踉跄两步,不敢置信:"Eve,你带了外人!"

你嘲讽一笑:"我可没说要信守承诺。"

God 捂着血流如注的心口,忽然明白了一切,艰难出声:"幻视……"

"怎么能说我是外人呢?"朗笑声响起,"唯一的电灯泡是你才对。"

广告牌泛出电子光点,在虚空里缓缓凝成清晰的人影,楚泽星轻松地从广告牌上高高跃下,随着夜风的吹拂黑西服下摆猎猎作响。他一手揣兜，一手抬起手枪，连连打爆几个逼近你的玩偶："你好啊，God，我是她的亚当。"

God 如临大敌，捂着伤口跑入黑夜。

你朝他开出几枪，被扑来的玩偶挡下："他跑了！"

"游乐园周围都是我的人，God 现在是瓮中之鳖。"楚泽星站在你身旁，目送 God 狼狈消失在游乐设施里，嘲讽道，"快要死了，跑得还挺快。"

看着你一枪击退扑过来的小丑，他皱了皱眉。

"这些东西也太丑了，我给你美化一下？"

"不用。"你想起商场里的事，坚定摇头，举枪向前，"如果连直面黑暗的勇气也没有，我还要如何消灭黑暗？"

God 是个谨慎的敌人，如果有第二个人踏入惊悚之夜，他就不会现身。

拿出邀请函给楚泽星之后，你们精心商量出了这个计划：楚泽星把幻视能力开到最大，将所有藏在游乐园四周的猎人遁形，限时五分钟。

在这五分钟里，你决定冒险走进去当诱饵，引诱 God 大意现身。

设置诱饵这一步，你们微妙地起了争执——

"不行不行，绝对不行！"楚泽星激动出声，"你若出事，我这辈子都没法放过自己！"

"我变成你的样子，代替你进去！"

"不行。"你摇头，"机会难得，出了岔子就不好对付了，我也是猎人，我也要在前线。"

你倔强地抬起头，他也倔强地与你对视。

周围的工作人员们无奈地瞧着你们。

"姐姐……"楚泽星态度一软,抓起你的双手晃悠着,"我还没正式表白呢,我可不想失去姐姐,然后余生都在缅怀你的日子里孤独终老。"

"乌鸦嘴,你就不能说点儿好的。"你瞪他一眼。

剑拔弩张的气氛……瞬间变得有些暧昧。

工作人员纷纷挪开目光,装作失明耳聋。

吵到最后,你无奈退步,允许他偷偷跟你溜进来,藏在暗处伺机而动。

思绪回到现在,被楚泽星的声音打断。

"姐姐?"你疑惑地偏了偏头,却见他笑得狡黠,"正式表白的事……当时你可没反驳我,这就说明,你也喜欢我,对不对?"

这种时候干吗讨论这个啊!

你脸一红,瞪他一眼,又一枪打爆鸭子玩偶的头,作为回答。

"哎呀,凉飕飕的。"

楚泽星一边夸张地打了个冷战,一边开枪。

叮当……

子弹壳清脆落地。

楚泽星娴熟地换弹,上膛,唇边扬起轻松的笑,每一枪都精准命中敌人的关节。他从容向前走,扣动扳机,击溃所有朝你们攻来的敌人。

砍刀斩来,被他微微侧身躲过,任刀锋贴着发尖擦过,稳稳抬起枪口,砰砰两枪击退敌人。

这就是S级猎人的实力吗?

正感慨着,黑暗里突然跑出一只破旧的布朗熊。

你被楚泽星蒙住眼睛,往后一带,撞入他温暖的怀抱中:"姐姐,我不想让你看见这个。"

你听他开枪击溃布朗熊的声音,伴随低语。

"有我在,不会让这些东西毁掉我们最美好的回忆。"

枪声响彻今夜的游乐园。

你们踩着一地残骸,缓缓迈入镜子迷宫。

镜面伫立,每一个角度都无法遁逃,仿佛这里有无数个不同角度的楚泽星与你。God 特意选了这里当作逃跑出口——在追兵找到出口之前,他可以争取时间逃跑。

"计划不错。"楚泽星笑问,"姐姐,如果是你,要怎么走出去呢?"

Ⓐ 找出口
跳转15
—204页—

Ⓑ 打破它
跳转19
—215页—

221

少年的世界应该光芒万丈，永不涉及那些黑暗。

你终究放弃将一切说出来的念头，朝他笑了笑，问了个无关紧要的问题敷衍，找借口转身离去。

楚泽星抬起手，似乎想要叫住你："姐姐……"

"明天见。"你回头朝他笑。

——如果还能迎来明天。

你回家整理装备，决心赴今晚的约。

似乎是你离去前的笑容太决绝，让楚泽星预料到了什么，他疯狂地给你打了十几通电话，发了无数短信。

你拿起手机，犹豫了一下。

A 不回复 跳转20 —215页—

B 回复 跳转12 —197页—

THE LOVERS

夏 / 野
Xia ye

Declaration

我是警察,保护公民是我的天职,
保护你,是我余生的誓言。

Protecting you is my pledge

"您会在特殊的地方遇到一个特殊的人,请务必注意安全。"

从典当铺到家的这段路不算短,司机绕路开了一个小时,你还是没想通。

注意安全?

你心不在焉地翻阅手机,被最新发布的一条任务吸引了注意力:

明珠路繁华街一带的酒吧夜店频频发生失踪案。
- ◆ 受害者特征:女性、穿短裙。我署鉴定为 B+ 男性血族作案。
- ◆ 特征:1.80 米以上,穿名牌,手背有十字架文身,夜晚作案。
- ◆ 赏金:100000。

你咽了下唾沫。

虽然等级对你来讲暂时高了点儿,但这笔赏金足够诱人,想想下半年的房租,你果断点了申请。

刚回家不久,就看见了申请通过的消息。

翻阅资料,你推断出目标可能会去的一家酒吧,决定守株待兔。

上网查了查风评:消费水平高、位置偏僻、较乱。

要穿什么样的衣服去呢?

A 衬衫牛仔裤 跳转5 —239页—

B 红裙高跟鞋 跳转2 —225页—

2

穿上连衣裙,踩着高跟鞋,顺便把匕首藏在大腿外侧,用裙摆遮好。

在霓虹灯照亮的街巷里七拐八绕,心惊胆战地穿过几条无人的后街,你终于走进这家酒吧,在音乐声里穿过人群,坐在吧台前,留意四周。

暧昧的灯光里,你看到一个男人。

他拿着香槟,慵懒地靠着卡座,长腿交叠,鞋尖漫不经心地随着音乐节奏轻点。身旁坐着几个殷勤的女人,凑近调笑着什么。

男人侧脸俊朗,是那种会招桃花的类型,他微微扯起唇角,黑眸里的笑意只浮于表面,显得玩世不恭。可和露大腿的女人们相比,他却用黑外套将自己"武装"得严严实实,拉链拉着,看不见里面的衬衣。

酒杯在他手中轻轻摇晃,眼看就要凑近浅笑的唇,又微妙挪开。

外貌出众的纨绔子弟,从鞋到外套全是名牌。

你倚着吧台,思绪被调酒师彬彬有礼的询问声打断:"小姐,要喝什么?"

对着单子纠结了半天,你终于出声:"一杯……长岛冰茶。"

谨慎起见,还是点冰茶吧。

调酒师端来酒水:"一个人来?"

"和男朋友一起。"

你上网查过攻略,但凡异性搭讪都要这样回答。

旁边有个年轻女性喝了很久的酒,眼圈通红,不省人事。调酒师过去唤她:"小姐?要不要我帮你打车回家……"

纨绔子弟放下酒杯,和女伴们笑着告别,从容地从卡座起身。

你连忙捧着大杯冰茶往他的方向走,却总觉得有许多灼热的视线望过来，几个喝醉的男客低低议论着什么。你有些毛骨悚然，往下拉了拉裙子，直直向前，与纨绔子弟"不慎"撞了个满怀。

手里冰茶倾斜，大半洒在他的外套上，你连忙从包里拿出面巾纸："对不起对不起……"

那人接过面巾纸，修长干净的手，有着淡淡的薄荷糖味道，在迷离的灯光音乐里格外清新："第一次来这种场合？"

你抬头看清他的脸，俊朗利落。

"长岛冰茶不是茶，是高度数的混合酒，很多女性一杯都撑不过。这里狼多，小心点。"

明朗的声线被刻意压低，显得不羁而漫不经心。

为什么要对你说这些？因为……好心？

他很快擦干外套，迈步朝吧台走去，后背挺拔，脚步沉稳。

你迷糊的表情一敛，静静目送他。

手背没有文身。

吧台方向，你忽然看到调酒师正扶着喝醉的女人朝后门走去，不禁起疑，打车为什么要去偏僻的后巷？

一直先入为主推测目标会来这儿行凶，却没猜到他是工作人员！

你不动声色追去，却察觉一道来自人群外的视线，那个纨绔子弟倚在吧台，露出思索的神情，正与你回头的视线撞上。

他对你扯了扯嘴角，嘴唇开合，看口型，应该是"回来"。

你不理他，闪入后街，看见调酒师扶着醉醺醺的女子往外走。

"要甩也是我甩了他……"女子哭着。

调酒师起初安慰着，走进没有霓虹灯的黑暗后，他的笑意渐渐强烈："不如，由我结束你的痛苦？"

你拔枪闪出,视线里却只剩下醉倒的女子,身后突然多了股冷风。

心中警铃大作,正要回身,手腕却被人牢牢攥住:"先处理一下你?"

手枪落地。

尖牙刺破手腕的痛感。

A 试图捡起手枪
跳转6
—240页—

B 摸出匕首
跳转3
—228页—

3

你从裙下摸出镀银匕首,狠狠朝后一捅。

身后立刻响起凄厉的惨叫,银质匕首刺穿血族的皮肉,冒着烟。你趁机拾起手枪,迅速回身开了一枪,对方却再次消失又出现,阴沉出声:"找死!"

他的超能力是短程瞬移!

你躲过致命一击,连连几枪落空后仍与他周旋。眼看调酒师再扑来,你朝他的心脏抬起枪——

一颗银子弹从你身后掠过,划破黑夜里的战场,在对方的胸膛溅起血花。

光与暗的交影下,纨绔子弟穿过明亮的霓虹灯,缓缓走进黑暗,枪在他手中稳稳抬着:"这里已经被我们的人包围了,劝你束手就擒。"

压低的声线驱散阴霾,云破天清。

调酒师惊恐地睁大了眼,反身想逃,却被锐利的警笛声惊得后退。

他拿出鱼死网破的架势,恶狠狠冲来,被你与几个赶来的警员当场击毙。

女人尖叫:"杀人啦——"

"小刘,安抚受害者,把她带回警局。"纨绔子弟收枪,对跑来的警察们吩咐,"小王,带人清理现场。"

他的容貌依旧俊朗,带着几分不羁,眉宇里的玩世不恭却悄然消失,整个人都凛然一变,让人不由得联想起关于正义光明的词语。

你忽然惊醒,这就是传说中的便衣警察?

警员们忙碌的时候,他转身朝你走来。红蓝之光交错,勾勒出挺拔的身姿,他伸手过来,语调轻松:"夏野,编号1102842,特殊调查科总队长。"

你握了握他的手,有些不好意思:"我不知道你们也盯上了这条线。"

"你也要回一趟局里做证。"他将外套递过来,"先穿上吧,伤口等下要赶紧处理。"

腰侧传来痛感,你这才发现红裙一侧在打斗中裂了个口,血痕清晰。

而他站的角度不偏不倚,恰好为你挡了挡光,让赶到现场的男警察们看不见红裙裂口。

你穿上外套:"谢谢。"

他与你对视,似乎在端详你的脸,忽然一笑,好似终于确认了什么。

"你先跟着他们回警署吧,咱们回去再说。"

明朗的声线格外耐心。

这一笑,眉眼分明还能看出几分惹桃花的惊艳,但却是比光更惹眼的安全感。

顺着车窗望去,夏野正在血族的尸体前蹲下身,举起手机。

你悄悄掀起长袖,手腕处有两个牙印,若不仔细留意,绝对看不出你被咬过。

心中倒是没有多大的惊恐,被陆昼吸过这么多次血都安然无恙,你应该不是那种会被轻易感染的体质吧。

回警局做笔录,女警眨眨眼:"夏队叮嘱过,让我处理下你的伤,不要紧吧?"

"没事没事,不要紧。"

受害女性也坐在科室,止不住地哭:"我真的看见怪物了!"

看来又要多个酒吧怪谈了。

外套上残留着淡淡的酒味与薄荷香,暧昧不清地混在一起,你思绪恍惚,飘忽回溯很远。

稚嫩的读书声,午后的光与放学人群里强颜欢笑的少年,而你正朝着他们冲过去……

"不准欺负夏同学——"

少女气鼓鼓的声音,与门口夏野明朗的嗓音重合:"我进来问几个问题,方便吗?"

你和他,是不是年少时认识?

看着夏野走过来,朝你微微扬起唇角,前半生的混沌中好像悄悄地裂了条隙,有光照进来。

他在对面坐下,打开录音,拿起一张薄薄的纸,清了清嗓音:"例行公事,我先对你宣读证人权利和证人告知书……"

声线不浮夸,不刻意,是那种悦耳的类型。

他问你问题,拿着钢笔写下漂亮的字句,笔锋发出轻响。很快记录完毕,夏野关上录音:"这样就没什么事了。"

他似有所思地看你:"最后一个问题……"

看他眼神敏锐,你下意识缩了缩手,咬痕被发现了?

他微微一笑,公事公办的态度瞬间改变。

"初中是在X大附属中学念的吗?"

你愣了下。

"私人问题,不回答也可以。"他漫不经心地整理着文件,忽然皱了皱眉,手指被锋利的纸片割破,血珠渗出。

——感染者看见血会发狂。

你翻翻包:"夏警官,我这里有创可贴,你要不要?"

这一招声东击西,如果你真的是血族,忽然被他转移注意力,恐怕已经露馅了。

夏野与你对视片刻,不着痕迹地松了口气。他接过创可贴,看清上面的图案,语调微微上扬:"你果然没变,还记得初二的同桌是谁吗?"

初中?

看着创可贴上的图案,你有些错愕,自己的确很喜欢这个卡通人物。

"有点印象……"你含糊回答着,却想不起来他是谁了。

"你记起我了,同桌?"

夏野慢悠悠地贴上创可贴,可爱的图案衬上警服,让人有点想笑:"毕业之后就没再见过,没想到你也蹚了这一行的浑水,过得怎么样?"

"如你所见,菜鸟一只。"你叹气,"难道在酒吧里……你早就看出我的身份了?"

"很简单。你刚进酒吧就一直留意四周,明显在找人,你动作警惕,说明这个人可能很危险……"他双手撑桌,微微倾身,探过来些,"最重要的是,你试探我的动作太刻意了,就像我现在的动作一样刻意。"

你:"……"

这人在警局玩什么惹火的动作呢。

他想了想,笑着添了句:"你拿着那杯长岛冰茶冲过来的时候,简直恨不得倒在我头上一样。"

你:"哈?"

你自尊受挫,要说话却被门外的吵闹声打断,自称受害者男朋友的人非要往里闯,警察不好拦着。

女人脸色惨白。

夏野起身走去,在下属们崇拜的目光里,短短几句话安抚了受害者的情绪。男人在科室门口醉醺醺地叫嚣,伸手要揪夏野的衣领:"你想对我老婆做什么?!"

夏野利落地偏了偏身子,使男人一把落空,他挑了挑眉:"先生,你要袭警吗?"

他一直老练而游刃有余,但这样的笑容微微绽出锋利的意味,却气势迫人。

男人讪讪退后,被警员带走。

察觉到你的惊讶,夏野毫无隐瞒:"我的超能力是能看穿别人对我的好感,且会自动转化成数值,升降一清二楚。"

"那我现在对你的好感是多少?"你好奇地问。

夏野静静注视着你,笑了声:"我可以保持沉默吗?"

居然这么从容地敷衍你。

办完事,你拿起包要往外走,被他叫住:"加个微信吧?"

他举起手机屏幕,在你眼前晃了晃:"我把照片传给你,你可以凭这个领走一半赏金,要不要?"

A 同意 跳转4 —233页—

B 不同意 跳转7 —240页—

要,当然要!

警署与猎人署是合作关系,单枪匹马很危险,以后能不能找他帮忙呢?

"谢谢。"你想了想,"以后遇到案子,如果在你的管辖范围内,可不可以通知我?"

好像太唐突。

你要改口,他却答应得分外利落:"好啊,如果你能证明自己的能力,我可以带你。"

陪你走出警署,夏野叫了辆出租车,帮你拉开车门:"以后遇到危险,你可以把我设成紧急联系人,二十四小时待命。"

"夏警官,你也太关照我了。"你受宠若惊。

"关照你这样的公民本来就是我的职责啊,我的同桌。"

他帮你关好车门,站在路边,笑着远远敬了个礼。

路灯的光照在他修长的身影上,好似一棵挺拔的白杨树,警徽熠熠生辉。

车窗外夜景流淌。

往床上一躺,你鬼使神差地翻起夏野的朋友圈:做菜种花,读书晨跑,拍摄天空。

破碎的记忆里,好像的确有一个爱拍天空的古怪少年……看似和所有同学相处得都很好,笑意却总是不达眼底。

"喂,你其实不喜欢他们吧?"少女稚气的声音,"我知道你没睡,别无视我。"

少年不愿回答,趴在桌上装睡,却架不住被同桌拿手指一下下地戳,终于猛抬头:"那又怎么样,起码所有人都喜欢我啊。"

"那不叫喜欢,"少女无比认真,"那是你讨好了所有人。"

少年愣了,有种被审问的难堪。

几个男生招呼他去打球,他闷闷丢下句"打球去了",起身落荒而逃。教室门口响起男生们的笑声:"夏野,今天还是你负责捡球啊……"

◆

手机振动,你做贼心虚被吓了一跳。

夏野:"回家了吗?"

你给他报了个平安,加了个表情包:"你真是个负责的好警察。"

夏野:"我可是跟你许诺过,下次见面,一定会成为更优秀的人。"

初中的你到底是什么样子?你正要旁侧敲击问一下,被来电打断,号码显示是陆昼。

你不情愿地接通:"什么事?"

"你好像很不希望我给你打电话。"男人嗓音沉稳,语调淡漠,"我的助理看到你鬼鬼祟祟往酒吧走,怎么回事?"

"消遣一下。"你撒谎不打草稿。

"那些警车,也是来陪你消遣的?"

你:"……"

沉默良久,陆昼先开口打破:"那些乱七八糟的酒吧不准再去,我也收购过几家酒吧,你想消遣,去我的。"

你早已习惯他的作风:"你这么怕失去我这个猎物?"

那边沉默一下,"嗯"了声,忽然挂断。

看你久久没有回复,夏野发了句"晚安,接到案子叫你",再看他的朋友圈，两分钟前拍了张警署门口的夜景。

配文："蓦然回首，那人却在灯火阑珊处"。

> 获得道具C页
> —280页—

几天后一大早，你迷迷糊糊刷牙的时候，接到了夏野的电话。

"新接手的一条线，X市女大学生跳楼案，有兴趣吗？"

你含着牙刷"唔唔"两声："有有有，你等一下……"

夏野"扑哧"笑了声，耐心等你洗漱完。

你有些不好意思："夏警官，你通常都是几点起来的啊……这才早上六点哎。"

"五点半去晨跑，刚回来。"他轻松回答，"叫我夏野就行，怎么长大反而拘谨了？你以前可是叫我受气包来着。"

你："……"

"我欺负过你？"你小心翼翼问。

"怎么会，那时候我最崇拜的人就是你了。"短暂沉默后，他又笑了声，"真把我忘了？"

总不能说自己离奇失忆了吧。

你含糊过去，和他在X市大学北门约见，赶紧挂断电话，穿衣下楼。

早高峰堵车，你决定挤地铁。

夏野打电话来："你在哪儿？"

"地铁，还要一个多小时吧。"你不禁抱怨，"我翻了半天资料，《大三女生从宿舍楼跳下，疑似因感情问题，其男友称当天并未吵架》《大三跳楼女生：独来独往，与室友不合》。网上新闻满天飞，根本找不到真正的切入点。"

"这些记者的稿件没有参考价值,下次想了解情报,直接来问我。"他顿了顿,"等我。"

等他?

你忽然被挤了下,困惑抬头,看见有个女学生深深低头,不时躲闪,一副要哭出来的表情,不远处有个中年男人正粘过去。

你皱了皱眉,冷冷一把抓住男人的手腕:"住手!"

"你,你干吗你……"

男人恼羞成怒,被你重重擒住手臂,顿时鬼哭狼号起来,地铁刚好到了换乘站,车门敞开,他恶狠狠推开你,慌慌张张朝外跑。

你几步追出,急切脱下鞋子朝男人掷过去,正中他后脑勺。

男人在众目睽睽下"哎哟"倒地,被一个利落飞扑过来的身影压在身下,动弹不得。四周路人发出惊呼:"是警察!""警察小哥哥好帅!"

夏野牢牢擒住中年人,亮出证件,平稳开口:"看来你涉嫌猥亵罪,我会通知轨警过来。"

这么多人指指点点,女学生掩面哭起来。

夏野将男人交给轨警,停在你们面前,认真出声:"所有的行凶者都要——还债,受害者永远不是要愧疚的一方。记住,不是你的错,不需要愧疚。"

你连忙跟着安慰。

女学生终于停止哭泣,向你们道谢:"谢谢……警察叔叔……"

夏野:"……叔叔?"

你松了口气:"警察叔叔,我真是越来越佩服你了。"

"叫哥哥,别让我心灵再受伤了。"夏野上前帮你拾起鞋,却发现鞋跟已经摔断了,"你这一下可砸得不轻啊。"

你有些不好意思:"情况紧急嘛……我知道不远处有个修鞋店,来得及吗?"

"来得及。"夏野拿着断根的鞋,沉思一下,"我背你去吧?"

你愣了下,连忙摇头:"不……不用了。"

"难道你更喜欢被抱着?"夏野笑了下,卸下公事公办的态度,有些戏谑。

明知道他是逗你,你还是瞪了他一眼。想象人来人往的地铁站里,你被一个警察背着或抱着……估计明天的地铁新闻头条就是你们。

正打算一蹦一跳往前走,却不料他低下身,动作自然地解开自己的鞋:"为公民服务,来,穿我的吧。"

你脸上发烫,踩进这双比你尺码大很多的运动鞋,发现迈不开脚。夏野半跪在你面前,动作利落,垂目帮你系好鞋带:"要系紧些才行,能走了吗?"

"能。"

夏野笑了笑,一手拿着你换下的鞋,大大方方昂首朝前走,许多人诧异地看着他。

你小跑几步跟在他身旁,小声说:"谢谢你啊警察叔……"

他瞥过来:"叫我什么?"

你立刻改口:"哥哥。"

他笑着揉乱你的头发:"乖。"

等着修鞋的时候,他给你买了杯柳橙汁:"给,见义勇为奖。"

还真是警察哥哥亲手发放的。

看你笑,夏野懒洋洋瞥过来:"是不是在心里念叨我呢?"

"没有没有。"你连忙转移话题,"我本来是要换乘三号线的,为什么会正巧遇见你?难道是命运的巧合?"

"那我算不算扭转命运的人?"

你惊讶看他:"怎么办到的?"

"很简单,半小时前我给你打电话,你电话里传来报站提示音,再计算每一站行驶需要的时间,你肯定会在这时候换乘三号线。本来想到楼下接你,可你走得太快,只好在这儿逮你了。"

你崇拜又震惊地盯着他,盯得夏野轻咳一声,挪开视线,懒洋洋道:"连你都抓不住,还怎么抓犯人?"

"好吧,警察哥哥,被你逮住了。"你叹气认命,"你要陪我挤地铁?"

"过会儿你就知道了,猎人妹妹。"

看清眼前造型拉风的摩托车,你不禁"哇"了一声。

夏野长腿一迈,从容上车,将头盔抛给你:"来,抓紧我,带你抄近路。"

你连忙戴好头盔坐在后座,开始还有些矜持,不料刚坐稳,夏野就一蹬摩托,气势汹汹地冲上了马路,风衣猎猎飞扬。

你紧紧环住他的腰,生怕飞出去,手指隔着衣服时不时能碰到腹肌的轮廓。你脸上通红,干脆闭眼。

风里听到他一声不羁的朗笑后,车悄然放慢了速度。

直到听他问"到了,还是你要再保持一会儿",你才意识到自己还紧紧搂着人家的腰,连忙松手。

夏野摘下头盔,他的头发微微被汗水浸湿,贴在俊朗的侧脸,衬托出几分少年气:"案发地点是美院三号女寝楼,走吧。"

这里已经拉起警戒线,宿舍楼下用白粉笔画着痕迹固定线,学生围着窃窃私语，还有几个哭红了眼睛的女生。

你仰头望向高高的天台，心情复杂。

昨晚，一个女孩子匆匆结束了自己的生命，恶意的揣测却满天飞。

"黑暗里发现光明，绝境处摸索希望，这就是我们的职责。"夏野轻轻拍你的肩膀，"要给逝者和家属一个交代，来，开工吧。"

A 询问室友 — 跳转9 —242页—

B 询问现场 — 跳转10 —242页—

5

你换上衬衣和牛仔裤，还戴了个鸭舌帽，低调地走进酒吧。

在暧昧奢靡的舞池音乐里，你等到半夜也没能找到目标，外面有警笛声响，你连忙跑出去，发现警察先你一步击杀了血族。

或许……下次要换一身更吸引目标的装束才能更顺利。

END.

装束失误

不走寻常路，不愧是你。<返回1>

—224页—

你努力伸腿向地面的手枪够去，却被对方一脚远远踢开。

血液迅速地流失，你眼前渐渐黑了下去。

END.

判断失误

◁ 小傻瓜！用匕首刺他呀！<返回2> ▷

—227页—

你觉得单打独斗更好，谢绝了夏野的好意，在他的护送下走出警署，叫了辆车回家。

接下来作为猎人的时光里，除了工作上偶尔碰面几次，夏野没有再联系过你。每一次见面，你都比上一次更强大。

你早已习惯了一个人奋战。

END.

单打独斗

◁ 单打独斗哪有机会谈恋爱！<返回3> ▷

—232页—

转眼到了下午。

你拿着整理好的记录去找夏野的时候，他正与几个警员交谈，侧脸神情专注。几个女生围在警戒线外，对着他拍照片犯花痴。

你耐心等他谈完，走上前正要说话，肚子却咕噜噜叫嚣起来。

"嗯？"夏野回头朝你笑，"一猜你就会饿，我让人买了面包和咖啡，待会儿一起吃吧？"

他办公事的时候，一丝不苟，干练得让所有人佩服；他不公事公办的时候，总能让你想起酒吧初遇的模样，一笑分外惹桃花。

几个女警挤眉弄眼，不知误会了什么，迅速汇报完工作，"识趣地"走远了。

在学生们好奇的注视下，夏野带你穿过林荫小道，"呼"了口气，坐在长椅上休息："有什么进展吗？"

你点头："我这里有几条推测，你呢？"

"我们对对答案怎么样？"他眼里含笑，拆开面包递来，"你觉得这个案子是自杀还是他杀？"

A 自杀 跳转11 —243页—

B 他杀 跳转12 —243页—

9

仔细询问当事人的三个室友,你开始做笔记。

◆ 室友A(有些惊恐):与死者关系寡淡,称死者疯狂迷信喝番茄酱能治疗贫血。案发当晚曾听见死者与男友激烈争吵的声音,以及后半夜悄悄开门的声音。

◆ 室友B(比较冷静):与死者关系平平,怀疑死者被男友欺骗感情,情绪被男友牵动大起大落,经常被男友一通电话约出去夜不归宿,身上经常出现外力造成的伤口。

◆ 室友C(一直哭泣):与死者关系亲密,在一次联谊上与死者同时结交了各自的男友——是一对双胞胎男孩。她们经常共享恋爱的小秘密,似乎有意隐瞒了什么。

跳转8
—241页—

10

你在案发现场转了几圈,与警员们交流,成功取来了一些照片。

案发当时,当事人躺在血泊里。

照片细节显示,当事人的手腕处有割伤,不只一道。

经医学鉴定,当事人常年贫血。

你决定继续调查。

跳转9
—242页—

认真听完你的分析,夏野微微摇头:"当晚她和男友激烈地争吵过,又有被欺骗感情的嫌疑,我觉得,或许这场自杀就是男友唆使的。不过还有更重要的一点……她有饮用番茄汁的习惯。"

你心中一跳。

夏野缓缓道:"对于感染者,血液据说会有番茄汁的甜美,估计她已经感染病毒,所以把番茄汁当作血来充饥。"

| 跳转13 |
—244页—

"我觉得是他杀。"你思索着,"当晚她曾经和男友产生了激烈争吵,在后半夜走出寝室,来到天台,而且她有被男友控制感情的倾向。情绪起伏比较激烈,不排除是在控制下结束生命。"

"答案一致。"夏野继续问,"那你觉得,这件案子和血族有关吗?"

A 有关系
跳转14
—250页—

B 没关系
跳转11
—243页—

13

"还有一种情况,血族往往会对猎物进行控制。"夏野喝了几口咖啡,"由于对未知能力的恐惧,或斯德哥尔摩综合征,受害者一次次受伤,直至耗尽气力死亡,通常不会超过半年。"

想起陆昼,你有些发愣,半年……那他为何让你活到现在?

夏野半天没出声,静静等你回神。

"有什么难题吗?"他的嗓音依旧带着让人安心的笑意,"警察哥哥帮你。"

孤身走过担惊受怕的三年,听见"帮你"两个字,你鼻子一酸。

半天说不出话。

夏野伸手揉乱你的头发笑笑,气氛轻松下来:"随便说点话?无论对案情有没有用,只要你说,我都愿意听。"

又不是哄小妹妹呢。

你别开目光:"有什么调查方向吗?"

"很简单,我怀疑她的室友也是受害者,过几天七夕,她说要和男友去海洋公园约会。"夏野接过你手里的空罐,稳稳掷入垃圾桶。

他倦怠地往椅背一靠,漫不经心抬腿交叠,阳光下笑容好看得耀目:"你愿意陪我玩一次乔装潜伏吗?"

节日当天,公园人山人海。

你们比目标早一个小时约见。

你奋力在人海里寻找夏野的身影,由于精心打扮了一番,还遇到了青年搭讪。

你下意识答："我和男朋友一起。"

对方却非要加你微信："别啊妹子，加一个又不碍事……"

"我觉得挺碍事的。"

嘈杂的人声忽然被平和的笑音覆盖，夏野今天换了件显身材的常服，简直是令人目眩的俊朗："这么想交朋友，就加我微信怎么样？"

他表情平和，说得平静又自然，挑眉时显露出几分不羁来。

青年灰溜溜地跑了。

你不禁吐槽："你脱下警服真像纨……"

夏野望过来："纨什么？"

"纨……"想到做人不能忘恩负义，你改口，"完美的护花使者。"

他照常想揉乱你的头发，被你敏捷躲开："发型我弄了半个小时，你别碰啊。"

"嗯，好看。"夏野收回手，笑了声，"单身女性遇到奇怪的人搭讪，谎称有男友陪同，防范意识不错。"

注意到他的存在吸引了不少女孩的目光，你追问："那单身男性呢？"

他面不改色："谎称有个爱吃醋的女朋友盯着。"

你："……"

你们乔装潜伏，伪装成游客跟在目标身后。

按着夏野的办案经验，由于跳楼事件打草惊蛇，血猎必定会把学校搜个天翻地覆，而其他血族一定会先下手为强，这是标准的亡命徒思维。

死者与室友C在同时且同一场合认识了各自的男朋友，很蹊跷，他们简直像有目的的接近。

室友C与男友卿卿我我地出现。

夏野轻松的笑意收敛了些，与你无声交换视线，挤进人群，紧随二人走进了海底通道。虽有任务在身，你还是忍不住惊叹斑斓的海底世界。

通道里人群拥挤如浪潮，你们几乎是紧贴隧道玻璃前行。

汹涌人潮突然朝你们一挤，夏野抬起右手紧紧撑在玻璃上，用身体为你挡开一处立足之地。后面不知谁尖叫着推他的后背，夏野的脸猛地朝你凑近，额头几乎要与你相碰。

你抬起头，粼粼海水无声地在他眼眸里投下一片幽蓝。

近得能听见彼此的呼吸。

夏野不动声色地挪开视线，咳了声，耳根有些泛红。

游客们惊呼："有鲨鱼——"

你被夏野急切一拽，跌入他怀中，淡淡的薄荷香撞入满怀。

一只鲨鱼直直地朝玻璃撞过来！

玻璃立刻"咔嚓"蔓延开裂纹。

游客们惊声朝出口涌去。

"走，往出口去，小心点。"夏野压低声音，保护着你往出口挪。他神情冷静，高声指挥："不要推搡！"

"对不起对不起！"几个工作人员冲过来，"这是VR立体投影！"

你惊魂甫定，一伸手，果然穿过了玻璃裂隙。

夏野低头与满脸通红的你对视，一松手，又咳了声。

他随即望向工作人员："连提示也没有，发生踩踏事件怎么办？"

"我们的设备正维修，刚才不知怎么被人打开了……"

"被人打开？"

你敏锐捕捉到细节，再望向通道尽头，果然目标已经趁乱消失了。

这里不止一只血族?

走出海底通道,你有些沮丧:"其实……你不用一直保护我,任务更重要。"

"我永远会先保护公民,当然包括你。"夏野安慰地拍拍你的头,拿出手机,"小刘,我们追丢了,有其他血族打掩护,开始 B 计划,有序疏散游客。"

B 计划又名地毯式搜索,夏野负责通知警员搜查,你负责向猎人署发布搜索请求。

"夏队,珊瑚馆发现一只血族!"

你的手机同时响起:"指挥处通知,白鲸馆发现血族!"

你们站在地图指示牌前,意识到事情不寻常。

监控里,开启 VR 的人是个穿黑 T 恤的男青年,也就是室友 C 的男友。而整整一下午,你们派去的人手至少在五处场所发现过他。

"难道和酒吧血族一样,超能力是瞬移?"你思索着。

"不太一样。"夏野的手指慢慢划过地图,"珊瑚馆和白鲸馆是同时汇报的,瞬移做不到同时在两个地方出现,除非……分出很多个自己。"

一模一样的人?好像在哪里看过关于这个怪谈的事情……

你调出 App,按照超能力搜索。

> **幻 影**
>
> ◇ 等级：S
>
> ◇ 社会身份：疑似学生
>
> ◇ 能力：分身
>
> ◇ 特征：作风阴郁偏激，会摧毁留下阴暗记忆的地方，曾多次大面积摧毁公共设施，造成几十位市民死亡。
>
> ◇ 状态：存活

"居然是S级，看来咱们无意间发现了一条大鱼啊。"

夏野把手机还给你，被下属电话轰炸："夏队，我们在封闭的施工地遇袭！这些血族根本杀不完！"

海洋公园响起提示音：*因特殊原因提前闭馆，请游客有序疏散——*你们拔出手枪，在一片抱怨声里逆行，持枪朝事发地点赶去。

海洋公园后面是新开发的工地，被蓝铁皮围起，不允许游客擅入，远远还能看见大吊车勾着重重的集装箱，发出轰隆声。

工人们早已被疏散，警员、猎人们以众多集装箱为掩体，与神出鬼没的黑衣青年交火。

赶到现场的时候，这里损失惨重。

你开枪击穿一个青年的心脏，却发现他化作黑雾消散，留下阴郁的声音："碍事……"

"这样耗不起。"你急切出声，"要找本体！"

"收到。"

夏野击穿几个幻影分身，视线扫过四周，毅然冒着枪林弹雨跑过满地狼藉，朝最中央的掩体跑去。

你伏身跟上，为他掩护。

子弹擦着你们的肩膀掠过，夏野将你护在身后，敏捷闪入集装箱内。

"里面是真身？"你小声问。

"嗯。"夏野蹲在旁边，持枪回身，朝外瞄准，"我在那个女孩身上装了GPS，真身不会离开猎物，肯定还和她在一起。"

黑衣青年果然正拖着被吓瘫的室友C。

夏野眼神沉着，扣下扳机，枪口绽出火光，对方心口偏左的位置立刻多了个血口。他放下瘫软的猎物，恶狠狠地打了个响指。

大吊车里忽然多了个残影，轰隆隆开动机器，勾起沉重的集装箱，猛地朝你们的方向砸来！

警员们大惊失色："夏队——"

最后一眼，是夏野向你扑来时眼里的沉毅。

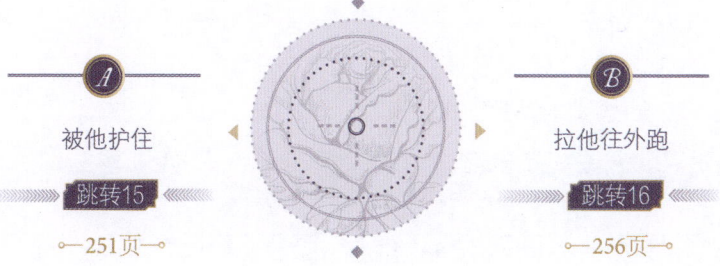

A 被他护住　　跳转15　　—251页—

B 拉他往外跑　　跳转16　　—256页—

"一定有关系。"你笃定答道,"照片里她有割腕痕迹,所以常年造成失血性贫血,但我听她室友说,她相信喝番茄汁能止血,所以柜子里经常放着很多番茄汁……"

"血对于血族来讲,会有番茄汁的甜美味道。"你抬起头,认真地与夏野对视,"当事人恐怕已经感染病毒,所以把番茄汁当作血来充饥。"

夏野认真听你说完最后一个字。

"答案完全一致,现在,要听听我的解析吗?"

跳转13

—244页—

尘土飞扬,视野里一片漆黑,耳畔一瞬间传来他低沉的声音。

"来不及了,过来。"

震动随着巨响停止,尘土呛得你们剧烈地咳嗽起来。

"别怕……"夏野将你紧紧拥入怀中,不住咳嗽,嗓音沙哑,"我在……"

——在集装箱砸来的瞬间,他迅速抱着你向后滚去,躲过冲击。

你调出手机手电筒,咫尺间看清他微微眯起的双眼,似乎看清你眼里的担心,夏野语调轻松:"哎呀,晃得眼花……"

"对不起……"你连忙挪开光线,听清身下传来有力的心跳声,这才发现自己趴在他身上,你连忙跳开,"对不起!"

夏野"嘶"了声。

你连忙过去:"哪里受伤了?"

"脚崴了一下,没事。"他似有所思,与你对视,"为什么我受伤,你的好感会上升这么多?难道这就是传说中的……战损?"

你瞪他一眼,有些无语:"你是那种越危险越开玩笑的性格吗?"

"是啊。"夏野扶着集装箱内壁慢慢起身,调出手机的光,打量四周,"看来,出口被砸过来的集装箱堵死了。"

外面传来交火声,有人高呼:"夏队他们在里面!"

要想办法出去。

你双手持枪,朝着内壁连开四下,光线顺着枪眼洒入,你重重踹上铁皮,却丝毫无法撼动它。

"退后。"

夏野站在你身旁，抬腿狠狠朝内壁踹了几下。

"集装箱砸过去了——"有人大喊。

大吊车轰鸣，你忽然预感不妙。

夏野拉着你猛一低身："抱头蹲下！"

穿透耳膜的巨响在上方响起，久久回荡，你们脚下如同地震，再抬头看去，集装箱顶部被砸得凹陷了一大块！

又是几声惊心动魄的巨响，每砸来一次，你们头顶的铁皮就愈发瘪下来一块。短短半分钟，居然连站立的空间也不剩了。

轰隆……

你缩在角落，头顶又多了处凹陷，铁皮支离破碎。夏野毫不犹豫地半跪下来，伸手支撑在你的头顶，企图在下次袭击前，用后背为你撑起最后的生存机会。

你抬起头，在手机微弱的光里看清他宽慰的笑："没关系，我打过电话，援队很快就来了。"

一分钟。

两分钟。

外面战火未熄。

破碎的铁片砸下来，夏野护在你身前，闷哼一声，额头被砸得血流如注。

凭他一人的血肉之躯，怎么能撑得住？

"你不用这样保护我……"你鼻子一酸，"其实我三年前失忆，什么都不记得了。"

"我早察觉到了。"夏野压低嗓音，"既然你已经把好感清零，我就重新一点一点攒起来……你忘了，我就重新讲给你听，好不好？"

绝境之中,他的嗓音格外缓慢。

"初中的时候,忽然某天,我能看见大家喜不喜欢我……根据我说的话做的事,好感数值会升降。一开始我想得到所有人的喜欢,我想做个好儿子、好学生、好朋友,我想把我分割成许多不同的我,讨好所有的人……"

轰隆声几乎压过他的声音。

"可是……"你在尘土里艰难开口,"人怎么可能得到所有人的喜欢?保持自我,肯定能引来更适合你的人……"

"是啊。"他看着你,眼神认真,"后来我才明白这一点,也终于活成了我自己,多亏了某个人——"

"可惜那个人傻乎乎的,早就把这回事忘了。"

那一年初中的盛夏。

"不准欺负夏同学——"

在男生们诧异的目光中,少女勇敢地冲过去:"你们以为我不知道吗?你们每天都要他跑腿买零食,还抢他的零花钱!你们还每天让他负责捡球,根本不传给他!他明明只想和你们交朋友而已!"

她声线微颤,却义无反顾。

没想到只引来一阵哄笑声。

一直垂目的少年睁大了眼,抬起头,怔怔望着同桌的背影。

他张了张嘴,却被少女带着哭腔的喊声打断:"夏野你傻啊,他们不把你当朋友!你为什么要讨好所有人啊!"

"哟,哭了哭了……"男生们嘲笑她。

他们伸手扯她的书包,逗小鸡似的看她急得团团转。

为首的男生重重挨了一拳,摔倒在地,所有人都惊得后退,看见少年双眼通红，紧攥着拳，不要命地朝着他们砸过来——

"老师，打架啦！"

操场里响彻少年愤怒的喊声："你们不是我的朋友，不准欺负我同桌！"

你们都被请了家长，垂头丧气地在走廊罚站。

办公室里传出夏野家长愤怒的喊声："臭小子敢打人……"

你看着少年，偷偷递给他一块薄荷糖："你爸爸好凶，怕吗？"

"为你打架，不后悔。"少年嘴唇发白，却强撑轻松，"你哥替家长来的？他回去不会骂你吧？"

你狡黠地眨眨眼："或许他会夸我干得漂亮。"

少年"扑哧"一笑，拆开糖放入口中。

那个夏天的记忆，除了打架罚站请家长，还有薄荷的清凉。

记忆唯独模糊了另一个年长些的少年的面容，他揉揉你的头，淡淡出声："惩恶扬善，嗯，干得漂亮。"

初三毕业，所有人都沉浸在喜悲中。

少年满怀执拗的心事，非要让你在他的校服上写下大大的名字，挪开目光，倔强许诺。

"下次见面，我……我肯定比你想象得更优秀！"

头顶轰隆声巨响，集装箱一块块地瘪下来，在手机微弱的光里，你看清夏野令人安心的笑容："这次换我保护你。"

"放心，不到生命最后一刻，我绝不松手。"

大片鲜血浸透他的上衣，顺着胳膊流淌，滴落在你的脸上时是滚烫的。

你惊愕地看着他，胡乱扯开他的衬衣，露出有力的肩膀，原来有一块锋利的铁皮砸下来，扎入了他的肩头。

你想给他包扎，在黑暗里却怎么也看不清伤口。你努力向上摸索，只摸到满手血。

甜甜的番茄汁……的味道。

颤抖的手忽然被温暖的手掌握住，与你十指相扣，将一件物品郑重放入你手中。

是夏野扯下衬衣里包着的血迹斑斑的警徽："我的信仰，留给你，做个纪念。"

你紧紧握住他的手，心中一痛，声音颤抖："别说不吉利的话。"

"你看，你的好感还在上升，"夏野忽然笑了，"别人的数值不论零或一百，我都习以为常，只有你的数值……我特别在乎。幸好，你的心，可比它的主人诚实多了。"

他的声音依然沙哑，喘息沉重，却带着平缓的微微笑意。

"乖，别害怕，有我在你身边呢。"

集装箱彻底塌陷的前一刻。
天光大亮，有人驾驶着吊车，将堵在出口的集装箱缓缓挪开。
许多警员朝你们跑过来。
救护车的悲鸣声由远及近。

跳转17
—256页—

16

不能被砸在里面!

你拉着夏野要往外躲闪,几吨重的集装箱却已重重砸来。

你眼前一黑,听见夏野高喊你的名字。

END.

判断有误

你根本来不及跑掉!<返回13>

—249页—

17

从地狱重返人间。

迷迷糊糊睁眼,你发现自己躺在担架上。

"夏警官……"你努力开口,"活着吗?"

护士的回答声恍惚传来:"正在抢救。"

再睁眼,你发现自己在病床上。

"夏警官……"

护士的回答分外清晰:"他已经脱险了。"

"那位夏警官,也问过你的安危呢。"

脱离危险已经是一星期后的事了。

你躺在床上,听见夏野开朗的声音响起:"哎呀,这里都是女同胞啊,方便我这个大男人进来吗?"

夏野站在门口,手里还拎着个小蛋糕盒。

养伤的女警们眼睛发亮,病房里一片祥和的"夏队好""夏队辛苦了"。

"夏队不辛苦,你们才辛苦。"夏野笑着敬个礼。

你一下被他们逗笑。

"笑这么大声,看来好多了?"夏野坐在你床边,一心一意地拆蛋糕盒,"生日快乐。"

你默默点头:"你怎么知道今天是我生日?"

他眼也不抬,把塑料叉子插在奶油里递过来:"我是警察,当然什么都知道啊。"

"这点小事不用麻烦你跑一趟……"蛋糕有点腻,你磨磨蹭蹭吃着,又分了他一半。

职业使然,夏野吃得安静又迅速。你偷偷瞥他,病房里白炽灯照得他脸庞缺了点血色,一副受伤初愈的模样,唇角却时不时地勾起。

他在忍着笑。

夏野终于缓缓开口:"听说,你总共叫了八次我的名字——"

你心一惊,恨不得钻地缝里去。

"每一次,你都问夏警官还活着吗。"夏野似有所思,"人家最多问用不用截肢,你特立独行,直接问我死没死。"

"马革裹尸,干这行的确活一天是一天。"他笑着看你,"你觉悟很高啊。"

昏迷时的胡话还是被他知道了。

"你不是也跟人家打听我的情况……"你嘟囔。

他大大方方承认："打听了。"

看他这么坦率，你有点无语自己刚才在隐瞒个什么劲儿。

他静静地等你吃完蛋糕，忽然出声："我有话想跟你说。"

"嗯？"你抬头，嘴上还沾着奶油。

夏野扑哧一笑："像个仓鼠一样。"

他表情认真了些，微微弯腰，拿纸巾给你擦擦："能和你一起查案，起初我只觉得很欣慰，没想太多。这次死里逃生，我才忽然意识到，我自己做好了殉职的准备，却没做好失去你的准备……毕竟，当时离失去你就差那么一点点。"

"我妈走得早，老爸又是刑警，一年到头不在家。后来他盖着国旗下葬的时候我刚升上高一，最后悔的就是没亲口对他说，我其实很爱他。"他顿了顿，"我很害怕，害怕总有一天，我也会失去你。"

"这条路以后只会越来越危险，或许……及时放手才是最好的选择，你说呢？"

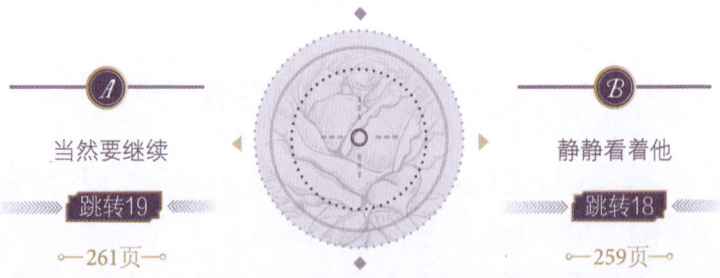

| A 当然要继续 跳转19 —261页— | B 静静看着他 跳转18 —259页— |

18

　　他不忍心眼睁睁看你也踏上这条路,并在某天列入失踪名单,就像他的许多战友和前辈那样。

　　即使曾经在生死关头、黑暗的角落倾诉心事过往。

　　即使曾经毫不掩饰地表露心意,即使从初中开始等待了这些年。

　　他重新清晰地认识到身边的世界有多凶险。

　　"我考虑了很久,还是不能冒这个险,让你当我的搭档。"夏野嗓音平静,眼神里却有一团熠熠的火,仿佛努力压抑着什么情绪,一字一顿继续道,"人这一辈子,总有不想失去的东西。"

　　你发现自己无法说服夏野。

　　起码以你现在的实力,无法与他并肩闯过那些枪林弹雨。

　　你慢慢靠在床头,呼出一口气:"好,我放弃这条线,你注意安全,夏警官。"

　　语气有些冷淡。

　　夏野想说话,迟疑了下,起身朝病房外走去:"好好休养。"

　　吃药,住院,出院。

　　你按部就班地过日子,在陆昼面前等待翻盘的那天。

　　过了半个月,你与夏野的关系终于缓和,时而发个短信聊聊天。

　　夏野:"在郊外执行任务,好饿。"

　　你拍了张深夜泡面的照片过去:"给,充饥。"

　　夏野:"好啊,我就看一眼照片,啃一口馒头吧。"

　　翻着两天前的聊天记录,你放下手机,懒洋洋地看一眼新闻,是夏野的背影,穿着迷彩服,身姿挺拔。

《X市郊区非法交易案：警匪对峙一天一夜，人赃俱获》。

手机同时响起，血族在附近出现。

你抓紧吃完泡面，收拾行装，迅速抓起手枪朝楼下跑去，孤身奔赴危险的茫茫夜色——

放弃怎么可能是你的性格呢？

你坚信，某天你会重新得到他的认可，与他并肩作战。

——不过那要等你成为一个优秀的猎人之后了。

END.

并肩好友

19

你第一次看到他的犹豫挣扎，甚至懦弱与私心。

——夏野从不担心自己的安危，子弹擦过身侧那一刻，其实他想到的是你。

敌人一天不死，他就多担心你一天。

幻影利用众多分身在围堵行动中逃脱，目前海洋公园已经被彻底封锁，连苍蝇都跑不出去，警员们怀疑他根本没有逃出去，而是隐遁在阴影里，等待反扑。

室友 C 被救出时已经变成了血族，经过混乱的口供得知，她的男友与死者的男友是同一人，并以分身的形式同时与二人交往，死者受欲望折磨，痛苦跳楼。

"这一行很艰险，出生入死。"夏野望着你，"如果你是普通人，我一定不会让你置身危险之中，可你选了和我一样的路，为什么？"

其实你也问过自己同样的问题。

看着那个跳楼的女孩，你仿佛从中看到了自己。S 级的幻影如此棘手，那么 S+ 的陆昼呢？这世上究竟有多少个陷入困境的受害者？就算最后不能为自己翻盘，你也要尽量帮更多的人翻盘。

但是夏野，你不想让他因你涉险。

"我想让自己越来越强。我眼前的世界如此危险，如果受了点伤就退缩，还怎么活到今天？"

"我想继续调查这个案子，不想当你身后的软肋。幻影现身那天，我也会去战斗。"你轻声道，"为了不给分别留下遗憾，那么就每天把爱重复一遍，怎么样？"

还有一句话,被你藏在心里。

——直到彻底变成血族,无法与你并肩战斗的那天。

你与他对望。

有些信念像星火燎原。一旦燃起,就不会停止。

他的眉头缓缓舒展。

"好吧,难怪初中时每一次吵架我都败给你。"

你听他语调微微上扬,涟漪般泛起波澜:"记得吗?有一次考试咱们偷偷对答案,你非说完形填空要选C,我只好跟你一起填C。"

"明知道是错的,你为什么还信我?"你问。

"因为你永远坚定自己的立场,面对你,我毫无办法。"夏野笑意无奈,"不能劝你回正道,只好一起错下去了。"

"还有,"他叉起一颗草莓,送进你嘴里,"这是我今日份的爱。"

女警们尖叫:"呀,夏队表白了——"

好像给自己掘了个坑,叫什么来着,自掘坟墓?

你缓缓地在他们的笑声里掀起被单,捂住发烫的脸,听着女警们叽叽喳喳的打趣声:"那个蛋糕就是你们的定情信物了啊,幸亏我手快,拍下来了……"

获得道具D页

——282页——

接下来几天,夏野作为远距离指挥,负责线上盯着海洋公园的动态。

几天后,幻影终于在海洋公园露出了蛛丝马迹,警员与猎人署加强了戒备。

你紧急办了出院手续，打算在公园与紧急出动的夏野会合。

阴雨，隐有雷声。

你走出医院大门口，听见手机响。

是陆昼。

A 接通　　跳转？

B 挂断　　跳转20 —264页—

提示：若想接通，需获得魔术师的帮助。

没时间拖延了。

你在暴雨里赶往现场。

情况比想象更严重,幻影将分身的能力施展到最大,肆无忌惮地在街上行凶,整条街区道路都被封锁。

夏野的电话打不通,倒是陆昼一直打电话进来。

你扶起被丢弃的警用摩托车,学夏野那样伏低身体,车身猛烈"嗡"的一声,如同狂吼的怒兽,在混乱的道路上飞驰。

幻影分身袭击而来,有的被你七拐八绕甩开,有的被开枪击散。

一路看见许多倒地的伤员,你想下车查看情况,却被刺眼的血色惊得心中一震,强烈的欲望在心中翻涌。

你错开视线。

轰隆——

闪电划破阴云,盛大的雨幕里不时亮起交火的光。

你找到警用通信器:"请求获得夏野队长的坐标方位!"

滋……

"收到,我在海底通道……请求支援……"

断断续续的回音,足够让你狂喜。

他还活着!

摩托车飞驰到公园正门口,你加大马力,直接骑车闯入了海底通道展馆,穿过幽蓝深邃的蓝色光芒,果然在尽头看见厮打的两个人。满地的子弹壳,手枪也被丢在地上,黑衣青年无暇分出幻影,本体被夏野揪住衣领,狠狠撞在玻璃上,重重挨了一拳。

青年鼻青脸肿,不甘示弱,一脚踹开夏野,要朝他扑去。

你朝青年扣下扳机,却发现自己的枪里也没有子弹,干脆开足马力朝着青年撞去,将他重重撞在玻璃上,惊得斑斓鱼群乱窜。在两人错愕的目光里,你摘下头盔,呼了声:"夏警官,这是我今日份的爱。"

"你……"青年阴沉望过来,"想杀我?也不看看你自己是什么……"

话音未落,夏野冲过去重重给了他一拳:"收到了。"

青年忍无可忍,大吼一声:"你们有完没完!"

两人再次打在一起。

看着夏野藏蓝警服上沾染的血迹,你忽然阵阵发晕,想助战却走不动路。

怎么回事?好渴。

从未有过这样疯狂的念头……不行不行!

"接住!"

你迫使自己清醒,抛出镀银匕首。

夏野抢先接住,反身一刺,银光闪闪,正中青年的心脏。

四周忽然响起细微的碎裂声,厚厚的玻璃上嵌着子弹,早就有碎裂之势。

"走!"

夏野朝你冲过来那一刻,海底通道轰然崩塌,海水与鱼群劈头盖脸砸过来。你被汹涌的海水冲出很远,忽然又被一只手坚定揽住腰身,勉强睁开眼,是夏野沉在水中的身影。

他在水里轻轻拍拍你的脸,眼神坚定。

清醒的意识正离你而去,你摇摇头,说不出那句话。

——我已经被感染了。

窒息无力，肺部仿佛要炸开。

夏野紧拥着你，毫不犹豫地深深吻了下来。

空气送入你的口腔，只存在于偶像剧里的换气方法，哪怕只有万分之一的成功概率，他也要毫不犹豫地尝试。

体内的欲望不断翻滚。

——放弃我吧。

即使心里一遍遍地重复，欲望却不允许你推开他。

你不由自主地闭上眼。

夏野努力憋着气，一手划水，带你朝光线投来的方向游去。

藏蓝色的警服衬衫在水中微微漂浮，衣领起伏，露出男人毫无防备的脖颈。

A 推开他 跳转22 —273页—

B 抑制欲望 跳转23 —274页—

大雨里驶来一辆漆黑的轿车，停在医院正门口，随着车窗缓缓降下，电话里同时响起男人低沉平稳的嗓音："上车。"

明知道你在哪儿，还打电话。

陆昼放下文件，平静地靠在后座，漫不经心问："伤你的人叫幻影？"

他知道一切，却不屑说破。

"这是我的事。"你在他身旁坐下，"赶紧吧。"

"嗯。"

男人动作带着与生俱来似的优雅，凑近你的脖颈……

他嗓音猛地一沉："你……被病毒感染了？"

手腕忽然被他重重抓起，往回一拽，你几乎要被拽到他腿上，撞在他的胸膛，心中警铃大作，你想挣扎却被他牢牢按住，压在后座。

陆昼眼里亮起猩红危险的暗光，压着沉沉怒意："幻影动的手？"

"不是，是在酒吧……"

"果然不该太纵容你。"话音未落，被陆昼冷冷打断，"为什么不说？身体难道没有异常？"

这是……血族对猎物的占有欲？

唇边还能回味起甜味，接受这个现实的时候，你心里却异常平静。

"你是怕我变成血族，就不再是你的专属猎物了？"咫尺间对视，你朝他嘲讽一笑，"那真是太可惜了……"

你的下巴忽然被陆昼抓住，微微用力，向上一抬。

"不准再插手血族的事，想杀谁，我替你杀。"

他吐出灼热的气息，靠近你的脖颈。

第一次看他如此愤怒，愤怒到失态……

昏睡之前，你听清这样一句话。

"跟我回去，只有我能救你。"

"去除掉那个代号叫幻影的小鬼。"

车窗外的暴雨声与陆昼的说话声交织在一起，你靠在后座，缓缓睁眼，发现他正表情阴沉地打电话。

偷偷睁眼，轿车正冒着暴雨驶向郊区。

迷糊的思绪猛地清醒，最糟糕的念头涌上心头，陆昼在郊区有别墅，他一怒之下要把你带去那里？

一旦去了，恐怕就成了囚笼里的猎物。

夏野那边怎么样了？

你冷静思索着。

如果逃往大批警员猎人在场的地方，陆昼一向在乎自己的身份，必不会为了追你而露出马脚，莽撞从来不是他的性格。

轿车在暴雨里急驶。

你看准时机，果断坐起推开车门，直面暴雨，长发飞舞。轿车在公路发出尖锐的声响，开得歪歪扭扭。

这样的车速跳下去，你不死也要落个残疾。

陆昼对司机厉喝："快停车！"

在他伸手抓过来前，你毫不犹豫地跳车，狼狈地在沥青路上滚了几下，不顾满身淤青，一拐一瘸地朝公路旁跑去。

大雨瓢泼。

你打开手机，断断续续出声："我的坐标是……被S等级的血族追杀，请附近的血猎支援……"

一辆回市的面包车在你眼前停下，车主惊讶地看着你："去医院？"

"不，"你拉开车门，声音坚定，"我去海洋公园。"

你翻越警戒线，扶起一辆警用摩托车，学着夏野的样子在暴雨里穿梭疾行，忽然在十字路口被一辆漆黑轿车冷冷逼停，车里的男人如同鬼魅，如影随形。

你一咬牙，猛地刹车转了个方向。

许多分身朝你袭击，被车窗探出的枪口冷冷击散，陆昼神情冰冷，仿佛在向幻影无声宣誓自己的主权。

警用摩托车响起通信声。

滋——未知车辆闯入警戒线……

陆昼不惜暴露身份也要抓你回去？！

你拿起警用通信器："有人追杀我，请求支援！"

夏野利落干练的声音在通信器中响起"我马上带人过去！等我！"

路面太滑，摩托车不慎在路面侧翻，将你重重摔了出去。再抬头，看见摩托车也远远滑出去，机油泄漏，被轮胎擦出的火星点燃。

漆黑轿车猛地一刹，挡在你面前，陆昼下车后一把将你拽起，闪入附近仓库。

地面震颤，摩托轰然爆炸，连同轿车一同燃起火光。

陆昼全身被暴雨打湿，黑西服外套因爆炸稍微残破，他粗重地喘息，重重将你抵在墙边，不容分说地逼近。

他缓缓靠近你的脖子，任你如何挣扎都不松手。

仓库外红蓝光交替，映在你们的脸上，你因为爆炸一度耳鸣，努力开口，声音若有若无："警察来了，你……逃不掉了……"

陆昼动作微顿，向后沉沉扫了一眼。

"来得及。"

来得及与你同归于尽吗？

你还不想死。

想起裙下还藏着一把武器。

你抬起手臂，缓缓环上男人的后背，银匕首在手中旋转，刺了下去。

利刃穿透他的胸膛，鲜血顺着黑西服流淌。

你抬起头："我赢了。"

他平静地垂眸与你对视："嗯，干得漂亮。"

短暂的耳鸣潮水般褪去，你听清仓库外尖锐的警笛，暴雨与错杂的脚步声混在一起，夏野领着众多警员匆匆赶来，朝着陆昼开枪。

你坐倒在地，看着陆昼身中数枪，向后倒下。

哪怕迎接死亡，他也神情沉稳，积雨冲刷着他染血的黑西服，那双猩红的眸缓缓黯淡下去，警笛的呜呜声化作葬礼的哀乐。

夏野领着警员们冲过来，迅速控制了现场。

你正对着尸体发愣，忽然被夏野拥入怀中。

"所有的危险都解除了。"他的嗓音平稳而坚定，"他已经死了，有我在，不要怕。"

他身上有浓重的血腥气。

你发现自己体内的欲望消失了。

"前日的劫持犯已被警方控制。其真实身份是名誉影视界的陆昼，

被指控非法拘禁、故意伤人等罪名。在与现场警方的火拼中……被当场击毙。"

陆昼劫持案一度震惊全国,粉丝们铺天盖地痛骂自己错爱了人渣,恨不得把他翻出来鞭尸。

你终究没有将陆昼的尸体拍照,领取那笔天文数字的赏金。他是你见过最高傲的人,你总觉得,他活着高傲,死了也应该保持高傲。

又或许是因为那句"干得漂亮"吧。

两个月后。

你依旧是冲在前线的血猎,夏野依旧是与你并肩作战的夏警官。

不同的是,你多了不少称号:夏队的绯闻女友、拿下"警局一枝花"的女人……

回想他告白时的场景,猝不及防又在情理之中:

男人穿着笔挺的藏蓝色警服,身姿如同挺拔的白杨树,他无声将你堵在家门口的路灯下,右手握拳,郑重放在自己的心脏位置。

"对你日益增加的喜欢,我从初中开始就偷偷藏在心里,堆积到现在,早就无可救药,"他望着你,黑眸比沉敛的夜色更深,"你……愿意当我治病的良药吗?"

你点头,看着他牵起你的右手,贴在自己的胸膛。

隔着警服,一颗心脏有力地跳动。

"我将忠诚于祖国,也忠诚于你,以这颗炽热跳动的心脏为证,我喜欢你,绝无二心。"

"保护公民是我的天职,保护你,是我余生的誓词。"

于是你就成了警署的传奇,虏获夏队"芳心"的女人。

不过……今天第一次正式约会,他居然敢迟到!

你一个人在商场晃悠,被几声"那个警察好帅啊"吸引了注意力,原来是某个倒霉的警察没来得及换制服,被记者拦住采访。

阳光下他的警徽熠熠生辉,笑起来,眉眼遮不住的好看:"当警察有什么不好?嗯……就是采访太多,女朋友等我呢,她生气很恐怖的。"

围观的女生们发出失望的声音:"啊……国家的男人果然都自带女友……"

你:"……"

你赌气不看他,投了几枚币抓娃娃,却屡战屡败。正气馁着,忽然听见身后响起熟悉的笑音,温暖的手掌从后面伸来,和你一起握住操纵杆,仿佛是抓住了,就一生都不会再放开。

"想要吗?警察哥哥帮你。"

END.

暴雨之后

你想推开他,身体却不听指挥,紧紧抓住了他的衣领,张嘴露出尖牙。

夏野瞳孔震动,常年训练让他警惕地捏住你的喉咙,却迟迟没有下一步动作。

一瞬的迟疑。

你已经靠近他的脖颈……

看清你眼里的红光,感觉到体内的变化,他的眼神缓缓转为悲伤。

你无法控制自己的举动,推开夏野,任他下沉,自己则朝水面游去。

"这个人已经被同化成血族,水面有更多的食物……"有声音蛊惑着你。

手腕忽然被牢牢抓住,你惊讶回头,银亮的反光在眼前一闪,夏野坚定地用手铐将你和他的手腕铐在一起。

他的双眼慢慢泛起猩红的光,慢慢下坠,平和地朝你张开双臂,再拥你入怀。

嘴唇无声开合。

——我陪你一起死。

然后他扯下自己的警徽,悄然松手,任它向水面浮去。

你最后看清他眉眼间悄然舒展的笑容。

温暖,专注,决绝。

直到黑暗尽头。

END.

水下尽头

23

意识即将崩溃。

在"夏队还活着"的惊喜喊叫声里,夏野先将你托上岸,自己再费力爬上来,咳出几口海水,在雨中坚定吩咐:"我没事,先救她。"

警员与猎人们却猛地退后,朝你们举起黑洞洞的枪口。

夏野一抬胳膊将你护在身后,皱起眉:"造反了你们?"

"夏队,快离开她!"

夏野朝你望来,看清你瞳孔的暗红色。

"你什么时候被感染的?"他愣了半秒,抓住你的肩膀,眼中的错愕转为愧疚,"你受伤了,我居然……没发现?"

你朝他扑去。

警员们要开枪,被夏野出声阻拦,他紧紧捂住你的眼睛,抵住你疯狂的动作。

"别开枪,我来处理。"

"小刘,把镇静剂拿来。"

冰冷的手铐"咔嚓"扣住你的双手,不知谁给你打了一针。视线再度恢复,你看见许多人警惕地围着你,风雨猎猎吹动夏野的风衣,他脸色泛白却无比冷静。

不知是满面的泪水还是雨水,模糊了眼前。

"夏野你傻啊,快朝我开枪——"你朝他喊。

他揉揉你湿透的头发:"没事了,乖,有我在。"

你狂躁失控的心忽然稳定下来,缓缓蜷缩,化作呜咽的兽。

思维恍惚飘去了那一年。

你如此决绝又勇敢，替少年拦住那些不加掩饰的恶意。

如今，他站在暴雨中，轻描淡写地替你拦下那些致命的枪口："我带她去猎人署。"

夏野陪你上车，穿过暴雨驶去。

——猎人署有许多和你情况相同的受害者，就像室友C，原来她也在那里接受治疗。夏野联系了有关部门，说你是他的家属，需要好好养病。

"虽然还没有研发出有效的药物，但我相信会有那么一天。"他目光平和而坚定，"我永远不会放弃你。"

那一瞬间深深的沉痛与悲伤，都被笑意轻描淡写压下。

那一天是什么时候？或许是明天，也或许是十年后。

就像这场雨究竟在几时几分几秒停下，没有人能回答。

一路无言，忽然听见夏野轻轻地呼唤，你转过头，顺着他目光望去。

乌云裂了条隙，云端天光乍泄。

"你看，这是我今日份的爱。"他的侧脸沐在光里。

"天晴了。"

END.

风暴之中

◆◆◆ A页 ◆◆◆

|家|

你洗了个澡换了身衣服，懒洋洋地躺在床上，给楚泽星发了平安回家的消息。

8点过后，楚泽星回复："晚安，我也才忙完，你什么时候有空？"

你想了想："下周吧，在商场见面。"

你喝着热牛奶，翻看猎人署的档案直到深夜。

血族档案

◆ GOD

◇ 等级：S。

◇ 社会身份：不明（追加：衣着很内行，疑似与服装行业有关）。

◇ 能力：控制死物。

◇ 特征：宗教狂热分子，记仇，已造成多名特工离奇死亡，据说会提前发出邀请函。

◇ 状态：存活。

◇ 最新记录：据目击猎人称，昨晚8点God与民间血猎展开激烈战斗，重伤逃跑，我署于凌晨2点清扫现场，未影响公众活动。

猎人档案

◆ 幻视

◇ 等级：S。

◇ 社会身份：已死亡。

◇ 能力：制造幻觉。

状态：两年前讨伐高级血族时被袭击，不明失踪，疑似感染后殉职，暂未找到尸体。

跳转10·继续故事

—182页—

◆◆◆ B页 ◆◆◆

▌邀请函▐

致Eve：

　　亲爱的孩子，你无情地将银子弹射穿我的身体，是如此执迷不悟。

　　神是仁慈的，神决定给你一个赎罪的机会。

　　我派教徒为你送来邀约，如果你能在我的初步考验中存活，那么，欢迎参加我为你精心打造的"惊悚之夜"，正面接受我的初拥与祝福。

　　我会在午夜两点的游乐园等你。

　　（注：请孤身前往。）

God

▌都市新闻▐

商场通知

　　由于特殊情况，商场五层于本周停业关闭，向各位商家及顾客诚恳道歉，择日整修开放，敬请期待。

　　注：施工危险，请勿擅自进入。

跳转17·继续故事
—— 205页 ——

◆◆◆ E页 ◆◆◆

|校园论坛·图书馆怪谈|

晚自习的时候谁去过图书馆?

据说上学期有几个学生和老师就是在那儿失踪的……好像人间蒸发,连个影儿都没有。后来消息被学校给压下来,就不了了之了,不信你们上网查查,现在受害者家属还要找学校讨个说法呢!

> 跳转11·前往图书馆
> —049页—

|城市新闻·晚自习利大于弊?|

城市新闻

近日,我市高三学生压力过大跳楼案件引起普遍关注,当事学生家长称:孩子不堪晚自习压力,每天睡眠不超过四小时,易患焦虑抑郁。

目前晚自习一事已引起社会广泛关注。

> 跳转12·去上晚自习
> —052页—

◆◆◆ C页 ◆◆◆

公园

你起个大早去公园晨跑,遇见了夏警官。

绕着公园跑两圈,你气喘吁吁,夏野却连呼吸节奏都没有乱。

半路遇见大爷偷花盆,你去阻止。大爷振振有词:"国家的东西又不是你家的。"

夏野一亮警察证:"大爷,东西不是我家的,但我是国家的。"

"哎哟喂……警察同志,这……"

大爷将花盆一扔,跑得比兔子还快。

城市异闻论坛

我在地铁里看到了两个一模一样的人!

我每天上班都坐轻轨3号换乘4号线。

坐3号线的时候,我对面有一对小情侣,女生长发飘飘的,男的好像长期熬夜,看着没什么精神,穿黑衣服。后来我换乘,清楚记得那对情侣根本没跟着一起下车,好好地坐着聊天。

我下车之后就坐到了4号线,奇怪的事来了……上车之后,我看到一模一样的黑衣服男生!但他旁边是个短发女生!

一模一样的黑眼圈和衣服……我确定真的连一点细微的差别都没有。

太可怕了吧,求解答。

- 匿名用户:楼主怪谈看多了,鉴定完毕。
- 一个小机灵鬼:不就是双胞胎吗?我和我哥长得还一样呢。
- 林深见鹿:或许他是个海王……陪完这个女友,再陪那个而已……别问我怎么知道。
- 阿杨:楼上的朋友,说出你的故事。

跳转夏野-4·回到故事
—235页—

◆◆◆ D页 ◆◆◆

▎蛋糕的秘密▎

在病房无聊的时候,无意间翻看朋友圈,你似乎发现了一个秘密。

证据1:那天要好的女警给你发来蛋糕的照片。

证据2:你从小刘口中得知,夏队养伤时闲不住,兴致勃勃地去过附近的蛋糕DIY店。

证据3:夏野的朋友圈多了一条:"烘焙太难了,我下次还敢。"

所以……那个蛋糕绝对是他自己做的吧?受那么重的伤还折腾?

夏野下次来探病,被你气势汹汹一番询问,人证俱全。

"哎呀,怕你觉得不好吃,没好意思跟你说实话……下次带你一起去。"

你瞪他:"你养好伤再说。"

"遵命。"

从那天起,你多了个称号"审问夏队的女人"。

┃警局聊天小群┃

> 你们说，咱们夏警花啥时候修成正果？

> 快了快了！他昨天跟人家妹子表白了，我听得清清楚楚！可肉麻了！

> 各位？

> +1！他特别懂，啊啊啊我的心！难怪在酒吧潜伏的人永远都是夏队！

> 咱们现在用不用叫嫂子啊？随礼得掏多少？

> 老刘你闭麦，把人家姑娘吓跑了夏队打死你。

> 各位？当着我的面说我的八卦，是渴望再加一天班吗？

> 哎呀妈，夏队啥时候在群里的？！

> 快把他踢出去踢出去！

> 等会儿老刘你——

> 完了，谁把夏队踢出去了？夏队刚给我打电话，说等死吧你们。

> ……

> 那个，找未来嫂子求情行不行？

于是你在涕泪交下的请求里看到了这些聊天记录。

◆◆◆ T页 ◆◆◆

|日记|

◆ 3月19日

穿白大gua的叔叔们都很和蔼，陆昏哥哥告诉我，他们是心理医生，专门来福利院照顾我们这些有心理创伤的孩子，我很喜欢叔叔们，他们总能逗我开心，可是陆昏哥哥他从来都不开心，叔叔们说陆昏哥哥病得很严重。

陆昏哥哥一定要好起来，对了，不认识的字我要去问他。

◆ 4月5日

阿姨老师告诉我，她身上香香的是因为喷了香水，我也想让自己变得香香的，就照着故事书里写的，我要搜集清晨的露珠，天上的雨水，还有花瓣还有叶子，好多好多，把它们融合在一起，就能变成香水啦。

然后，我要寄给天上的妈妈，让她在天上也香香的。

◆ 4月6日

昨天我闯祸了。

我偷偷溜出寝室，在院里守了好久才采到露水，回来的时候发现老师和哥哥都在找我。哥哥生了好大的气，说了好多话，如果我丢了，他也活不下去了。

等他消气，我偷偷问："我可不可以把这瓶香水送给妈妈呀？"

陆昏哥哥忽然抱住我。

我听见他哭了。

◆ 5月1日

　　阿姨们老是问我，出事那天我们看到什么了，叫我不要说谎。可是，真的是怪物害死了我们的爸爸妈妈啊。

◆ 5年后的9月7日

　　我考上了X市最好的初中，最终目标是X大学。

　　好久没有写日记了。

　　陆昼已经离开两年了，就在他应该升上高中的年纪，忽然有自称猎人署的人叫他出去谈话。

　　那天他回来，心事重重，到了晚上才跟我说话。

　　他要走了，至于去哪儿，他不告诉我。

　　他很坚定，我能做的只有目送他离开，从此我的世界里又少了一个家人。忽然想起书里的一句话："那个人也许永远回不来了，也许明天回来。"

◆ 10月1日

　　同学邀请我去旅游，我谢绝了。

　　儿时的记忆还在脑海，我被确诊为中度抑郁，痛苦就像开关，一触即发。

　　我在想，既然我是中度抑郁，那么当年拼命地保护我、目睹了凶杀案全程的陆昼呢？他是如何一边强撑着悲伤，一边照顾我这个小妹妹的？

　　很多人都觉得我们是真正的兄妹，但其实并不是。我和他属于青梅竹马的邻居，从小就在一起玩，我有时候会把他误认为是真正的哥哥。

◆ 12月25日

我一直觉得，世界上是有不为人知的东西的，譬如当年袭击我们的怪物，譬如远方的陆昼渴望成为的'血猎'。至今我仍会想起，当年正是这些猎人从怪物口中救下我们，尤其是陈越明叔叔，是他把我们送到福利院。

不知道陈叔叔现在过得怎么样。

| 一封信掉落出来 |

致你的第一百三十二封信：

首先，恭喜你考上X市大学，我时刻为你骄傲。

至于我，日复一日在署里训练，阔别七年就像七天那样快，你寄的照片我都妥善收藏着，也算看着你一点一点长大了。

很抱歉错过了你青春里的八年，我会慢慢补偿你。

有个好消息要告诉你，我以最高的排名通过了组织的训练。在你报道那天，我会赶回X市来找你。

等我。

陆昼

| 特殊任务·最后的晚餐 |

据我署调查,近日X市有大批血族聚集,以神秘目标为首,诱拐平民女性。该聚集活动被称为"最后的晚餐",有人称在其中看见过叛逃到血族社会的人类,请求各位猎人积极调查,一旦遇见就地处决。

(该组织伴随强烈的毁灭倾向,我署认为该组织正在预谋一场巨大的阴谋。)

《 跳转9·阅读完毕 》
—110页—

图书在版编目(CIP)数据

银子弹与刺玫瑰/拂罗 著.
—武汉:长江出版社,2020.11
ISBN 978-7-5492-7450-5

Ⅰ.①银… Ⅱ.①拂… Ⅲ.①智力游戏-通俗读物
Ⅳ.①G898.2

中国版本图书馆CIP数据核字(2020)第232084号

本书由天津漫娱图书有限公司正式授权长江出版社,在中国大陆地区独家出版中文简体版本。未经书面同意,不得以任何形式转载和使用。

银子弹与刺玫瑰 / 拂罗 著

出　　版	长江出版社		
	(武汉市解放大道1863号 邮政编码:430010)		
选题策划	漫娱　杨宇峰		
市场发行	长江出版社发行部		
网　　址	http://www.cjpress.com.cn		
责任编辑	陈　辉		
特别编辑	郭　昕　买嘉欣　王一婷		
总 编 辑	熊　嵩		
执行总编	罗晓琴		
装帧设计	赵一麟　吴　彦	开　　本	880mm×1230mm 1/32
插　　画	熊　柏	印　　张	9
印　　刷	深圳市精彩印联合印务有限公司	字　　数	220千字
版　　次	2020年11月第1版	书　　号	ISBN 978-7-5492-7450-5
印　　次	2022年3月第5次印刷	定　　价	45.00元

版权所有,翻版必究。如有质量问题,请联系本社退换。
电话:027-82926557(总编室)　027-82926806(市场营销部)

时空恋人·系列推荐：

《他的九条尾巴》

猫咪少年邂逅人类少女，
超浪漫恋爱奇遇！

定价：42元

《怪少女与王子病》

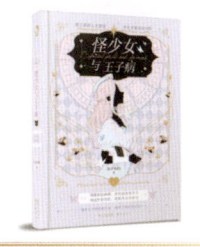

怪少女拯救恋爱时间，
超甜蜜恋爱冒险！

定价：48.8元

《恋与雅君子》

穿越时空的古代美男子，
超苏的古风绝恋！

定价：45元